AF223440

Annette Dittmer · Das Buch der Anna

D ieses Buch richtet sich an Menschen jeder Nation, jeder Religion und jeder Hautfarbe.

Echte Gläubige haben die Offenbarung bereits an sich selbst erfahren und benötigen nicht mehr das Erkennen über den Verstand. Doch wer noch auf der Suche nach Gott ist, dem soll mit dieser Zusammenstellung geholfen werden. Anhand einer Umsortierung von Bibelaussagen – vorrangig aus dem Neuen Testament – wird auf einzelne Themen bezogen die Existenz Gottes nachgewiesen. Einen zusätzlichen Schlüssel zur Erkenntnis findet man bereits im ersten Drittel des Buches, denn Anna scheut sich nicht davor, auch ein neues Gleichnis aufzustellen. So können die Zitate klar gedeutet werden. Bewusst werden die biblischen Aussagen kaum kommentiert, um dem Leser Raum zur Selbsterkenntnis zu geben.

Jeder bekommt noch einmal eine Chance, Gott zu erkennen, und die Möglichkeit, vom eventuell eingeschlagenen falschen Weg umzukehren.

Es bleibt noch genügend Zeit zur Erleuchtung, aber keine Zeit mehr, noch länger damit zu warten.

Anna

Das Buch der Anna

Der letzte Schlüssel zum Bibelgeheimnis

Bibliografische Information der Deutschen Nationalbibliothek:
Die Deutsche Nationalbibliothek verzeichnet diese Publikation in der
Deutschen Nationalbibliografie; detaillierte bibliografische Daten
sind im Internet über <http://dnb.ddb.de> abrufbar.

Dieses Buch zitiert die Einheitsübersetzung der Bibel
Katholische Bibelanstalt GmbH, Stuttgart 1980

© 2007 Annette Dittmer
Satz und Layout: Buch&media GmbH, München
Umschlaggestaltung: Kay Fretwurst, Spreeau
Herstellung und Verlag: Books on Demand GmbH, Norderstedt
Printed in Germany
ISBN 978-3-8334- 6996-1

Inhalt

Ich wünsche den Menschen
aller Hautfarben,
aller Nationen,
aller Religionen
viel Mut und Kraft
beim Studieren dieser Worte
und die richtigen Erkenntnisse
und Schlussfolgerungen.

Eure Anna

Kursive Auszeichnungen wurden von Anna vorgenommen.
Eckige Klammern sind Anmerkungen von Anna.

Einleitung

Jetzt sollen es alle Menschen wissen!

Keineswegs bin ich die Einzige oder die Erste, welcher sich Gott in der jetzigen Generation offenbart hat. Wohl aber bin ich beauftragt, seine Botschaft in die ganze Welt hinauszurufen!

Jeder hat sich schon die Frage gestellt: »Wo ist Gott?« Für die Antwort werden in diesem Buch nach meiner Gottesoffenbarung die Schriften der Bibel genauer analysiert. Dazu wählte ich die Einheitsübersetzung der Heiligen Schrift aus, weil diese den Sinn der erhaltenen Botschaft aus meiner Sicht sehr gut widerspiegelt.

Die einzigartige Kunde könnte man eigentlich in einem einzigen Satz sagen. Nur weil wir Menschen nicht glauben wollen oder als Erwachsene nicht glauben können wie Kinder, bedurfte es so vieler Umschreibungen, die jedoch allesamt leicht verständlich sind, wenn man einen bestimmten Schlüssel hat.

Weißt du, dass Gott das Evangelium »den Weisen und Klugen verborgen, den Unmündigen jedoch offenbart hat« (siehe Matthäus 11,25)? Was meinte er damit? Nun, jeder der denkt, klug oder weise zu sein, ist einfach zu sehr von sich selber überzeugt und somit nicht in der Lage, wie ein Kind zu glauben. Dadurch wird man unfähig, die einzige Wahrheit zu erkennen. Was wissen wir denn? Die Wissenschaft schafft Wissen durch die Beobachtung von Gottes Werk. Aber niemand kennt die ganze Wahrheit!

Jetzt ist die Zeit gekommen, in der wir alle eine kleine Frucht vom Baum der Erkenntnis essen dürfen. Darüber hinausgehende Weissagungen können wir gegenwärtig noch nicht ertragen.

Der Gläubige durchläuft einige Entwicklungsstufen, bis er am Ziel ist. Diese sind »Glauben«, »Erkennen« und »Erfahren« (im Sinne von Offenbarung). Erst die vierte Stufe, die »Gewissheit«, macht den Gläubigen zum Wissenden und damit zum echten Gläubigen. Auf dem Weg zur dritten Stufe ist Unsicherheit ganz normal, danach aber sind keine Zweifel mehr möglich.

Wenn jemand den Fleiß aufbringt, sich Wissen anzueignen, ist dies eine Wirklichkeit. Ein anderer besitzt das Talent, Informationen logisch miteinander zu verbinden, um daraus Erkenntnisse zu gewinnen. Dies ist Gottes Gabe. Wer diese Erkenntnisse oder die biblische Lehre auch verinnerlichen kann (die Bibel spricht hier von »essen«), hat Gottes Gnade.

Sicher weißt du, dass die prophetischen Worte oft in einfacher und bildhafter Sprache formuliert sind. Bestimmte biblische Aussagen müssen aber tatsächlich wortwörtlich verstanden werden, um wahrhaftig erkennen zu können. Hier liegt der Schlüssel.

Welche Formulierungen denn genau wörtlich zu nehmen sind und welche lediglich im übertragenen Sinn verstanden werden dürfen, ergibt sich nur aus einem intensiven Studium dieser wahren Prophetie. Der Schlüssel für das richtige Verständnis liegt in der Bibel selbst. Es ist nicht gewollt, dass die Bibel interpretiert wird! Paulus warnt ausdrücklich vor eigenmächtiger Schriftauslegung.

Für jeden in der Umgangssprache nicht vorhandenen Begriff liefern die Schriften auch die Sinndeutung. Ebenso werden uns bekannte Ausdrücke biblisch erklärt, weil sie eine andere Bedeutung erhalten sollen. Nur jene Worte, welche uns zwar bekannt sind, jedoch nicht (weiter) definiert werden, stellen in ihrer Gesamtheit den Schlüssel zum Geheimnis dar.

Zusätzlich haben Bibelaussagen mindestens zwei Bedeutungen: eine fürs tägliche Leben, die andere und wichtigste, um Gottes Gesetz (ich nenne es Naturgesetz) zu verstehen, das Gesetz von Ursache und Wirkung – in den Schriften mit Saat und Ernte bezeichnet.

Weitere Intensionen sind nur mit dem hier noch zu nennenden Schlüssel erfassbar.

Es gibt verschiedene Ansichten über die Lehre Jesu, erkennbar an den vielen Religionen und sogar Kirchenspaltungen. Allein das Christentum hat viele verschiedene Gemeinden.

In diesem Buch predige ich nicht für eine bestimmte Religion des Christentums. Es geht zunächst alleine um die eine großartige Offenbarung.

»Der Unerfahrene traut jedem Wort, / der Kluge achtet auf seinen Schritt.«
Buch der Sprichwörter 14,15

Wir sollen nicht sofort glauben, sondern das Gehörte oder die Schriften hinterfragen, um das Gute zu erhalten. Damit auch du mir nicht voreilig vertraust und alles Genannte prüfen kannst, habe ich ca. 500 Aussagen aus der Einheitsübersetzung der Bibel ausgewählt und zu einer Art rotem Gedankenfaden zusammengestellt. Sie werden von mir manchmal kommentiert bzw. mit Hilfe eines neuen Gleichnisses verständlich gemacht. Abgesehen davon beantworten die Zitate noch weitere, nicht im Vorwort gestellte Fragen.

Die hier zu lesenden Botschaften sind ein verzweifelter Schrei Gottes, aus reinster, tiefer Liebe – weil er uns alle retten will!

Wo ist Gott? Gott ist eine für uns unsichtbare Energieart. (Geist ist Energie) Dass die Schwingungsenergie der Ursprung allen Seins ist, haben die Biophysiker längst entdeckt. Auch weiß man schon, dass Wasser hören kann. Viele Experten arbeiten daran, Computer zu entwickeln, welche die Information des Wassers offenbaren sollen.

Tatsache ist, dass wir Gott nicht sehen, wenn wir zum Himmel schauen. Schließe die Augen, dann kannst du Gott fühlen – denn wir Menschen sind Gottes Wohnung. Dies ist wortwörtlich zu verstehen!

Hast du schon einmal in einer viel zu kleinen Wohnung gewohnt? Mir ist es einige Zeit so ergangen. Nach und nach ging es nicht nur mir, sondern allen Mitbewohnern psychisch schlechter. Es ist einfach lebensnotwendig, seinen eigenen Platz zu haben.

Und genauso ergeht es Gott! Dass er in uns wohnt, wird anhand der Bibelsprüche Zitat für Zitat nachgewiesen. Immer mehr Menschen sind jedoch – auch aus Unwissenheit – lieber Satan zugeneigt. Somit bleibt immer weniger Wohnraum für Gott. Auch dies werden wir klar erkennen.

Dies ist für viele eine erschreckende Einsicht. Es werden hoffentlich viele Menschen in sich gehen. Manche werden vielleicht weinen – vor Freude. Andere jedoch werden die Botschaft als großen Unfug abtun, genau wie es in der Bibel prophezeit wurde.

Mit diesem Buch erhältst du gleichzeitig eine Übersicht, in welcher der angeblichen Widersprüchlichkeit innerhalb der Bibel eine klare Absage erteilt wird.

Im Namen Jesu wünsche ich allen Leserinnen und Lesern viel Kraft und Einsicht beim Studium dieser Schriften.

Anna

1 Warum dieses Buch?

Amos 3,7–8

»Nichts tut Gott, der Herr, / ohne dass er seinen Knechten, den Propheten, / zuvor seinen Ratschluss offenbart hat.

Der Löwe brüllt – wer fürchtet sich nicht? / Gott, der Herr, spricht – / *wer wird da nicht zum Propheten?*«

1 Korinther 9,16

»Wenn ich nämlich das Evangelium verkünde, kann ich mich deswegen *nicht rühmen*; denn ein Zwang liegt auf mir …«

Apostelgeschichte 9,15

»… Denn dieser Mann ist mein auserwähltes *Werkzeug* …«

1 Korinther 2,9

»Nein, wir verkündigen, wie es in der Schrift heißt, was kein Auge gesehen und kein Ohr gehört hat, was keinem Menschen in den Sinn gekommen ist: das Große, das Gott denen bereitet hat, *die ihn lieben.*«

2 Petrus 1,20–21

»Bedenkt dabei vor allem dies: Keine Weissagung der Schrift darf *eigenmächtig* ausgelegt werden; denn niemals wurde eine Weissagung ausgesprochen, weil ein Mensch es wollte, sondern vom Heiligen Geist getrieben haben Menschen im Auftrag Gottes geredet.«

2 Petrus 3,16

»… In ihnen ist manches schwer zu verstehen und die Unwissenden, die noch nicht gefestigt sind, *verdrehen* diese Stellen ebenso wie die übrigen Schriften zu ihrem eigenen Verderben.«

Levitikus 19,17

»… *Weise* deinen Stammesgenossen *zurecht*, so wirst du seinetwegen keine Schuld auf dich laden.«

1 Korinther 1,21

»Denn da die Welt angesichts der Weisheit Gottes auf dem Weg ihrer Weisheit Gott nicht erkannte, beschloss Gott, alle, die glauben, durch die *Torheit der Verkündigung* zu retten.«

1 Thessalonicher 5,21

»*Prüft alles* und behaltet das Gute!«

Bist du über die Aussage »Torheit der Verkündigung« gestolpert? Gottes Wille war, uns die freie Entscheidung zu schenken. Hätte er sich offen gezeigt (in einer Massenveranstaltung), wären wir höchstwahrscheinlich alle disziplinierte Gläubige geworden. Warum Gott dies nicht wollte, kommt noch klar zum Ausdruck. Da jetzt die Zeit reif ist, möchte er allen noch einmal die Chance geben, vom falschen Weg umzukehren.

Die Zeit ist reif – aber wofür? Jeder mit Glauben und Kenntnis kann dieses Zeichen deuten. Menschen mit noch vorhandener Unwissenheit dürfen aber nicht in Angst versetzt werden, sonst bleibt zu wenig Kraft für die Suche nach Gott!

2 Einführung

Bitte lies die nachfolgenden Zitate vorerst wertfrei. Nach dem Studium des gesamten Buches wirst du das Genannte definitiv erkennen.

2a Wo ist Gott?

Jeremia 29,13–14

»Sucht ihr mich, so findet ihr mich. Wenn ihr von *ganzem Herzen* nach mir fragt, lasse ich mich von euch finden …«

Jakobus 4,8

»Sucht die *Nähe* Gottes; dann wird er sich euch nähern …«

Kolosser 1,16

»Denn *in ihm* wurde alles erschaffen / im Himmel und auf Erden, / das Sichtbare und das Unsichtbare, / Throne und Herrschaften, Mächte und Gewalten; / alles ist durch ihn und auf ihn hin geschaffen.«

2 b Wie erkennt man Gott?

Römer 1,20–21

»Seit Erschaffung der Welt wird seine unsichtbare Wirklichkeit an den Werken der Schöpfung mit der Vernunft wahrgenommen, seine ewige Macht und Gottheit. Daher sind sie unentschuldbar.

Denn sie haben Gott erkannt, ihn aber nicht als Gott geehrt *und ihm nicht gedankt. Sie verfielen in ihrem Denken der Nichtigkeit und ihr unverständiges Herz wurde verfinstert.*«

Gott hat sich etwas aus dem Menschen zurückgezogen.

2 c Das Wirken Gottes

Johannes 9,3

»Jesus antwortete: Weder er noch seine Eltern haben gesündigt, sondern das *Wirken Gottes* soll an ihm offenbar werden.«

Zum Verständnis siehe Kapitel 54 »Die Zehn Gebote«. Bitte erst weiterlesen und danach zurückblättern.

2 d Es gibt nur einen Gott und einen Mittler

1 Timotheus 2,5

»Denn: *Einer* ist Gott,/Einer auch Mittler zwischen Gott und den Menschen:/der Mensch Christus Jesus.«

Jesus war ganz *aus* Gott und keine Energie Satans war in ihm. Später wirst du noch lesen, dass Gott und Jesus eins sind.

2 e Gottes Wille

1 Timotheus 4,16

»Achte auf dich selbst und auf die Lehre; halte daran fest! Wenn du das tust, *rettest du* dich und alle, die auf dich hören.«

1 Thessalonicher 4,3

»Das ist es, was Gott will: *eure Heiligung* …«

1 Timotheus 2,3–4

»Das ist recht und gefällt Gott, unserem Retter; Er will, dass *alle* Menschen *gerettet* werden und zur Erkenntnis der Wahrheit gelangen.«

1 Petrus 5,7

»Werft all eure *Sorgen* auf ihn, denn er kümmert sich um euch.«

Matthäus 4,7

»… Du sollst den Herrn, deinen Gott, nicht auf die *Probe* stellen.«

2 f Gottes Ohr

Johannes 9,31

»Wir wissen, dass Gott einen Sünder nicht erhört; wer aber Gott fürchtet und *seinen Willen* tut, den *erhört* er.«

2 g Menschlicher Wille

Matthäus 16,23

»Jesus … sagte zu Petrus: Weg mit dir Satan, geh mir aus den Augen! Du willst mich zu Fall bringen; denn du hast nicht das *im Sinn*, was Gott will, sondern was die Menschen wollen.«

Lukas 22,42

»… Aber nicht mein, *sondern* dein [Gottes] Wille soll geschehen.«

3 Glauben

3 a Der Weg zum Glauben

1 Korinther 13,9

»Denn Stückwerk ist unser *Erkennen* …«

2 Korinther 2,2

»Wenn ich euch nämlich *betrübe*, wer wird mich dann erfreuen? Etwa der, den ich selbst betrübt habe?«

Galater 1,10

»... Wollte ich noch den *Menschen gefallen*, dann wäre ich kein Knecht Christi.«

3 b Die Folgen der Unkenntnis

Hosea 4,6

»Mein *Volk kommt um*, weil ihm die Erkenntnis fehlt ...«

3 c Aufruf zum Gehorsam

Römer 1,5–6

»Durch ihn haben wir Gnade und Apostelamt empfangen, um in seinem Namen alle Heiden zum *Gehorsam* des Glaubens zu führen; zu ihnen gehört auch ihr, die ihr von Jesus Christus berufen seid.«

Apostelgeschichte 5,32

»... und der Heilige Geist, den Gott allen verliehen hat, die ihm *gehorchen*.«

Apostelgeschichte 5,29

»... Man muss Gott mehr *gehorchen* als den Menschen.«

Lukas 10,16

»Wer euch *hört*, der hört mich [Jesus], und wer euch *ablehnt*, der lehnt mich ab; wer aber mich ablehnt, der lehnt den ab, der mich gesandt hat.«

Johannes 13,20

»Amen, amen, ich sage euch: Wer einen *aufnimmt*, den ich sende, nimmt mich auf; wer aber mich aufnimmt, nimmt den auf, der mich gesandt hat.«

»Aufnehmen« ist wörtlich zu verstehen: Die Gottesenergie in sich aufnehmen.

3 d Umkehr vom falschen Weg

Lukas 15,10

»Ich sage euch: Ebenso herrscht auch bei den Engeln Gottes *Freude* über einen einzigen Sünder, der umkehrt.«

3 e Warnung vor Leichtfertigkeit

Hebräer 12,17

»Ihr wisst auch, dass er *verworfen* wurde, als er später den Segen erben wollte; denn er fand keinen Weg zur Umkehr, obgleich er unter Tränen danach suchte.«

3 f Der richtige Weg

Johannes 14,6

»Jesus sagte zu ihm: *Ich bin* der Weg und die Wahrheit und das Leben ...«

> Siehst du? Man kann nicht den richtigen Weg *haben*, man kann nur auf dem richtigen Weg *sein*.

3 g Warum verkündet jemand Christi Lehre?

Philipper 1,15

»Einige *verkündigen* Christus zwar aus Neid und Streitsucht, andere aber in guter Absicht.«

3 h Richtige Erkenntnis verhindern

Matthäus 23,13–14

»Weh euch, ihr Schriftgelehrten und Pharisäer, ihr Heuchler! Ihr *verschließt* den Menschen das Himmelreich. Ihr selbst geht nicht hinein; aber ihr lasst auch die nicht hinein, die hineingehen wollen.«

4 Jesu Vollmacht

Johannes 5,19

»... Der Sohn kann nichts *von sich aus* tun, sondern nur, wenn er den Vater etwas tun sieht. Was nämlich der Vater tut, das tut in gleicher Weise der Sohn.«

> Dies wird dir später noch ganz klar werden. Beim Lesen erwirbst du gerade auch die Tugend der Geduld (Langmut).

5 Gott lieben und fürchten

Genesis 3,10 (= 1 Mose 3,10)

»Er antwortete: Ich habe dich im Garten kommen hören; da geriet ich in *Furcht*, weil ich [Adam] nackt bin, und versteckte mich.«

1 Korinther 8,3

»Wer aber Gott *liebt*, der ist von ihm *erkannt*.«

Das ist auch klar. Wenn Gott in uns wohnt, weiß er alles über uns.

Bitte unterscheide zwischen Furcht und Angst. Alles hat mindestens zwei Bedeutungen. Wir machen es jetzt etwas verständlicher, indem wir für jede Seite der Medaille einen Begriff verwenden.

Die Furcht resultiert aus dem Wissen, dass jedes Vergehen gegen Gott bestraft wird. (Beim Thema »Das Gesetz« wird dies gut deutlich.) Die Angst (im Grunde auch Furcht) macht ein Zusammenleben in der Gemeinschaft erst möglich. Wenn zum Beispiel das Kind keine Angst hätte, würde es auf die befahrene Straße laufen. Fazit: Die Folge von Angstlosigkeit wäre sicher das Chaos.

6 Das Wesen Gottes

1 Johannes 4,8

»Wer nicht liebt, hat Gott nicht erkannt; denn Gott ist die *Liebe*.«

1 Johannes 4,16b

»Gott ist die *Liebe*, und wer in der Liebe bleibt, bleibt in Gott und Gott bleibt in ihm.«

1 Johannes 1,5

»… Gott ist *Licht* und keine Finsternis ist in ihm.«

Lukas 11,36

»Wenn dein ganzer Körper *von Licht* erfüllt und nichts Finsteres [Satan] in ihm ist, dann wird er so hell sein, wie wenn die Lampe dich mit ihrem Schein beleuchtet.«

Dies ist das schönste Gefühl überhaupt, wenn sich der Körper mit Gott erfüllt (auffüllt).

Johannes 4,24

»Gott ist *Geist* und alle, die ihn anbeten, müssen im Geist und in der Wahrheit anbeten.«

(still beten!)

Römer 8,10

»Wenn Christus *in euch* ist, dann ist zwar der Leib tot aufgrund der Sünde, der *Geist aber ist Leben*.«

Matthäus 16,26

»Was nützt es einem Menschen, wenn er die ganze Welt gewinnt, dabei aber sein *Leben* einbüßt? Um welchen Preis kann ein Mensch sein Leben zurückkaufen?«

Lukas 12,23

»Das *Leben* ist wichtiger als die Nahrung und der Leib wichtiger als die Kleidung.«

7 Wo wohnt Gott?

1 Korinther 3,16

»Wisst *ihr* nicht, dass ihr Gottes *Tempel* seid und der Geist Gottes *in* euch wohnt?«

1 Korinther 6,20

»... Verherrlicht also Gott *in* eurem *Leib*!«

Epheser 2,22

»Durch ihn werdet auch ihr im Geist zu einer *Wohnung* Gottes erbaut.«

In uns Menschen wohnt Gott. Ich möchte es laut hinausrufen: Versteh doch – wir sind seine Wohnung!

Vorab gesagt: Gott wohnt auch in den Tieren und Pflanzen. Der Unterschied zu uns liegt in unserem geschenkten freien Willen sowie unserer Lebensaufgabe. Die Lebensaufgabe der Tiere und Pflanzen ist es, uns zu dienen. (Dazu später mehr.)

Gleichnis

Stelle dir einen großen Kachelofen vor, der in einer riesigen Halle steht. Nun zünde ein Feuer an und lege viel Holz und Kohle nach, bis der Ofen kochend heiß ist. Einige Stunden später ist es in der Halle gemütlich warm. Egal, wo du dich darin aufhältst: Du wirst nicht frieren. Nun stelle dir diesen Ofen in einem kleinen Zimmer vor. Bei gleich bleibender Zufuhr von Brennstoffen würdest du es in dem Raum nicht sehr lange aushalten.

So ergeht es Gott! Auch er möchte sich wohlfühlen und braucht genügend Raum. Wie viel »Wohnraum« hat unser Gott noch in der heutigen Zeit?

8 Wie findet man die Liebe (Gott) in sich?

Philipper 1,9–10
»Und ich bete darum, dass eure Liebe immer noch reicher an *Einsicht* und Verständnis wird, damit ihr beurteilen könnt, worauf es ankommt …«

1 Petrus 4,8
»Vor allem *haltet fest* an der Liebe zueinander; denn die Liebe deckt viele Sünden zu.«

2 Petrus 1,5–7
»Darum setzt allen Eifer daran, mit eurem Glauben die Tugend zu verbinden, mit der Tugend die Erkenntnis, mit der Erkenntnis die Selbstbeherrschung, mit der Selbstbeherrschung die Ausdauer, mit der Ausdauer die Frömmigkeit, mit der Frömmigkeit die Brüderlichkeit und mit der Brüderlichkeit die *Liebe*.«

Gott ist Liebe.

9 Das Wirken des Geistes

Johannes 7,38
»… Aus seinem Inneren werden Ströme von lebendigem *Wasser* fließen.«

2 Korinther 3,6
»Er hat uns fähig gemacht, *Diener des Neuen Bundes zu sein*, nicht des Buchstabens, sondern des Geistes. Denn der Buchstabe tötet, der Geist aber macht *lebendig*.«

Anmerkung: Der Neue Bund Gottes gilt ab Jesu Kreuzigung. Buchstabe meint hier die Anweisungen des Alten Bundes unter der Anleitung von Mose.

2 Korinther 3,17
»Der Herr aber ist der Geist, und wo der Geist des Herrn wirkt, da ist *Freiheit*.«

1 Korinther 10,29
»… Warum soll meine Freiheit vom Gewissensurteil eines anderen *abhängig* sein?«

Galater 5,17–18
»Denn das *Begehren* des Fleisches richtet sich gegen den Geist, das Begehren des Geistes aber gegen das Fleisch; beide stehen sich als Feinde gegenüber, sodass ihr nicht imstande seid, das zu tun, was ihr wollt. Wenn ihr euch aber vom Geist führen lasst, dann steht ihr nicht unter dem Gesetz.«

1 Korinther 2,11
»Wer von den Menschen *kennt* den Menschen, wenn nicht der Geist des Menschen, der in ihm ist? So erkennt auch keiner Gott – nur der Geist Gottes.«

1 Johannes 5,6
»… Und der Geist ist es, der *Zeugnis* ablegt; denn der Geist ist die Wahrheit.«

Epheser 4,15
»Wir wollen uns, von der Liebe geleitet, an die Wahrheit halten und in allem *wachsen*, bis wir ihn erreicht haben …«

Johannes 16,13
»Wenn aber jener kommt, der Geist der Wahrheit, wird er euch in die ganze Wahrheit führen. Denn er wird nicht aus sich selbst heraus reden, sondern er wird sagen, was er hört, und euch verkünden, was *kommen* wird.«

2 Korinther 1,22
»er ist es auch, der uns sein *Siegel* aufdrückt und als ersten Anteil (am verheißenen Heil) den Geist *in* unser *Herz* gegeben hat.«

Geist hat nichts mit Intelligenz zu tun. Diese ist nur gut, wenn sie im Sinne des Gesetzes verwendet wird.

In unseren Herzen wohnt Gott!

»Liebe Brüder, wenn das *Herz* uns aber nicht *verurteilt*, haben wir gegenüber Gott Zuversicht.«

Das ist der Grund, warum dir bei *schlechtem Gewissen* das Herz wehtut und nicht das Gehirn, mit dem du grübelst.

Lukas 16,15
»Da sagte er zu ihnen: Ihr redet den Leuten ein, dass ihr gerecht seid; *aber Gott kennt euer Herz*. Denn was die Menschen für großartig halten, das ist in den Augen Gottes ein Gräuel.«

Jetzt dürfte klar sein, warum Gott unser Herz kennt: Weil er in unseren Herzen wohnt.

10 Weil Gott auch Licht ist

2 Korinther 4,6
»Denn Gott, der sprach: Aus Finsternis soll Licht aufleuchten! Er ist in unseren Herzen aufgeleuchtet, *damit* wir *erleuchtet* werden zur Erkenntnis des göttlichen Glanzes auf dem Antlitz Christi.«

11 Weil Gott auch Geist ist

Johannes 20,22–23
»Nachdem er das gesagt hatte, *hauchte* er sie an und sprach zu ihnen: Empfangt den Heiligen Geist! Wem ihr die Sünden vergebt, dem sind sie vergeben; wem ihr die Vergebung verweigert, dem ist sie verweigert.«

Diese Macht hatten und haben Gottes Jünger.
Achtung: Auch Satan und seine Dämonen sind Geist. Deshalb spricht man vom Geist Gottes oder dem *Heiligen* Geist.

Johannes 16,33

»Dies habe ich zu euch gesagt, damit ihr in mir *Frieden habt*. In der Welt seid ihr in Bedrängnis; aber habt Mut: Ich habe die *Welt* besiegt.«

»Welt« symbolisiert den Teufel.

2 Korinther 13,5

»… Erfahrt ihr nicht an euch selbst, dass Christus Jesus *in euch* ist? Sonst hättet ihr ja (als Gläubige) schon versagt.«

1 Korinther 2,10

»Denn uns hat es Gott enthüllt durch den Geist. Der Geist *ergründet* nämlich alles, auch die Tiefen Gottes.«

12 Prüft die Geister!

1 Johannes 4,1

»Liebe Brüder, traut nicht jedem Geist, sondern prüft die Geister, *ob sie aus Gott sind*: denn viele falschen Propheten sind in die Welt hinausgezogen.«

1 Petrus 5,8

»Seid nüchtern und wachsam! Euer Widersacher, *der Teufel*, geht wie ein brüllender Löwe umher und sucht, wen er *verschlingen* kann.«

13 Niemand bekommt die zweite Chance

Römer 11,23

»Ebenso werden auch jene, wenn sie *nicht* am Unglauben festhalten, *wieder einge-pfropft* werden; denn Gott hat die Macht, sie wieder einzupfropfen.«

Aber:

Hebräer 6,4–6

»Denn es ist *unmöglich*, Menschen, die einmal *erleuchtet* worden sind, die von der himmlischen Gabe genossen und Anteil am Heiligen Geist empfangen haben … dann aber abgefallen sind, *erneut* zur Umkehr zu bringen …«

14 Die Liebe als Frucht des Geistes

Galater 5,22–23

»Die *Frucht* des Geistes aber ist

Liebe,	Langmut,	Treue,
Freude,	Freundlichkeit,	Sanftmut
Friede,	Güte,	und Selbstbeherrschung;

dem allem widerspricht das Gesetz nicht.«

15 Der irdisch gesinnte Mensch

1 Korinther 2,14

»Der *irdisch gesinnte* Mensch aber lässt sich nicht auf das ein, was vom Geist Gottes kommt. Torheit ist es für ihn, und er kann es *nicht verstehen*, weil es nur mit Hilfe des Geistes beurteilt werden kann.«

Mahnung:

1 Korinther 3,16

»Wisst ihr nicht, dass ihr Gottes Tempel seid und der Geist Gottes *in* euch wohnt?«

16 Das irdische Zelt

2 Korinther 5,1

»Wir wissen: Wenn unser *irdisches Zelt* abgebrochen wird, dann haben wir eine Wohnung von Gott, ein nicht von Menschenhand errichtetes ewiges Haus im Himmel.«

»irdisches Zelt« ist unser menschlicher Körper.

17 Das wahre Zelt und dessen Abbild

Hebräer 8,1–2

»... Wir haben *einen* Hohepriester ... als Diener des Heiligtums und des *wahren Zeltes*, das der Herr selbst aufgeschlagen hat, nicht etwa ein Mensch.«

Hebräer 8,5

»Sie [Priester] *dienen* einem *Abbild* und Schatten der himmlischen Dinge, nach der Anweisung, die Mose erhielt, als er daranging, *das Zelt* zu errichten …«

Hast du bemerkt, dass hier »das Zelt« auch für Kirchengebäude steht? Fälschlicherweise werden diese Gebäude als »Kirche« bezeichnet. Diese Gebäude wurden von Menschenhand errichtet.

Also denke immer daran: Du bist die Wohnung Gottes. Die Menschen treffen sich in Kirchengebäuden, denn diese sind Versammlungsräume der Gläubigen.

18 Wer ist der Antichrist?

1 Johannes 2,22

»Wer ist der Lügner – wenn nicht der, der leugnet, dass Jesus der Christus ist? *Das ist der Antichrist:* wer den Vater und den Sohn leugnet.«

1 Johannes 2,18

»… Ihr habt gehört, dass der Antichrist kommt, und jetzt sind *viele Antichristen* gekommen …«

2 Thessalonicher 2,9

»*Der Gesetzwidrige* aber wird, wenn er kommt, die *Kraft* des Satans haben …«

19 Woher kommt das Böse?

Markus 7,23

»All dieses Böse kommt von *innen* und macht den Menschen unrein.«

Jakobus 4,8

»Sucht die Nähe Gottes; dann wird er sich euch nähern. Reinigt die Hände, ihr Sünder, läutert euer Herz, ihr Menschen mit *zwei Seelen*.«

Anmerkung: »Hände« steht symbolisch für die Taten.

In uns allen wohnt der Geist Gottes und der Geist Satans! Jedoch: Erst wenn die Seele nicht mehr im fleischlichen Leib wohnt, hat Gott sich entfernt und seinen Geist zurückgenommen. Und mit dem Geist auch die Seele, sofern diese Gott gehörte und nicht Satan!

Ob Satan die Seele *endgültig* bekommt, wird erst nach dem Jüngsten Gericht, dem anschließenden tausendjährigen Frieden und der nachfolgenden Neuinkarnation (Auferstehung) entschieden (siehe Offenbarung des Johannes).

Vorausgesetzt, im irdischen Leben nach dieser Auferweckung werden die neuen Prüfungen nun bestanden, erst dann wirst du ein Kind Gottes sein. Besser, du gehörst zu den Menschen, welche die tausend Jahre Frieden miterleben dürfen!

Schluss mit der Todesstrafe! Selbst in einem Schwerverbrecher wohnt Gottes Geist. Wenn Gott keinen »Bedarf« mehr hat, in jenem Leib zu wohnen, wird er sich entfernen. Dies ist Gott überlassen und keinem Menschen dieser Welt! Gott will uns alle retten! Auch Mörder haben sich schon, und sei es sehr spät, zu Gott bekannt. Außerdem ist die beste und einzig richtige Strafe für einen Verbrecher, diese, welche Gott veranlasst! Er führt mehr innere Kämpfe, als du denkst!

Wenn jemand skrupellos ist, bedeutet dies, dass der Herr sich sehr weit entfernt hat. Dieser Mensch fühlt sich wie ein Monster. Das Herz schlägt, und doch ist er innerlich tot. Um überhaupt noch irgendwelche Gefühle zu empfinden, wird er immer geneigt sein, noch schlimmere Taten zu begehen.

Nur (Er)kenntnis könnte ihn strafen!!!

Sein »freier Wille« wird sich zur Umkehr entschließen oder nicht …

20 Verführung, Verwirrung und Versuchung

Matthäus 18,7

»… Es muss zwar Verführung geben; doch wehe dem Menschen, der sie *verschuldet*.«

Galater 5,10

»… Wer euch verwirrt, der wird das *Urteil* Gottes zu tragen haben, wer es auch sei.«

1 Korinther 10,13

»… Gott ist treu; er wird nicht zulassen, dass ihr über eure Kraft hinaus versucht werdet. Er wird euch in der Versuchung einen *Ausweg* schaffen, sodass ihr sie bestehen könnt.«

Jakobus 1,14
»Jeder wird von seiner *eigenen Begierde*, die ihn lockt und fängt, in Versuchung geführt.«

21 Was bedeutet Fleisch?

Römer 7,14–15
»Wir wissen, dass das Gesetz selbst vom Geist bestimmt ist; ich aber bin *Fleisch, das heißt*: verkauft an die Sünde. Denn ich begreife mein Handeln nicht: Ich tue nicht das, was ich will, sondern das, was ich hasse.«

22 Die Werke des Fleisches

Galater 5,19–21
»Die Werke des Fleisches sind *deutlich erkennbar*:

Unzucht,	Feindschaften,	Spaltungen,
Unsittlichkeit,	Streit,	Parteiungen,
ausschweifendes Leben,	Eifersucht,	Neid und Missgunst,
Götzendienst,	Jähzorn,	Trink- und Essgelage
Zauberei,	Eigennutz,	und Ähnliches mehr …«

23 Umkehr

Römer 2,4
»… Weißt du nicht, dass Gottes *Güte* dich zur Umkehr treibt?«

Jesaja 30,15
»… Nur in Umkehr und Ruhe liegt *eure Rettung,*/ nur Stille und Vertrauen verleihen euch Kraft …«

Apostelgeschichte 2,38
»… Kehrt um und jeder von euch lasse sich auf den Namen Jesu Christi *taufen* zur

Vergebung seiner Sünden; dann werdet ihr die Gabe des Heiligen Geistes empfangen.«

Nachdem du die Schriften studiert hast und von ganzem Herzen an den Vater (Gott) und den Sohn (Jesus) glaubst, lasse dich taufen. Erst musst du von ganzem Herzen glauben – niemals vorher taufen lassen!, denn es ist leicht(er) zu glauben, wenn es uns gut geht.

24 Die Wassertaufe (Kreuz, Kreuzigung)

Johannes 3,6
»Was aus dem Fleisch *geboren* ist, das ist Fleisch; was aber aus dem Geist geboren ist, das ist Geist.«

Johannes 3,3
»Jesus antwortete ihm: Amen, amen, ich sage dir: Wenn jemand nicht *von Neuem geboren* wird, kann er das Reich Gottes nicht sehen.«

1 Petrus 3,21
»Dem entspricht die Taufe, die jetzt euch rettet. *Sie dient nicht dazu*, den Körper von Schmutz zu reinigen, sondern sie ist eine *Bitte* an Gott um ein *reines Gewissen* aufgrund der Auferstehung Jesu Christi.«

Römer 6,11
»So sollt auch ihr euch als Menschen *begreifen*, die für die Sünde tot sind, aber für Gott leben in Christus Jesus.«

Matthäus 3,11
»Ich taufe euch nur mit *Wasser* (zum Zeichen) der *Umkehr* …«

Kolosser 2,12
»Mit Christus wurdet ihr in der Taufe *begraben*, mit ihm auch auferweckt, durch den Glauben an die Kraft Gottes, der ihn von den Toten *auferweckt* hat.«

Johannes 12,24
»Amen, amen, ich sage euch: Wenn das Weizenkorn nicht in die Erde fällt und *stirbt*, bleibt es allein; wenn es aber stirbt, bringt es reiche Frucht.«

Römer 6,6

»Wir wissen doch: Unser alter Mensch wurde mit gekreuzigt, damit der von der Sünde *beherrschte* Leib vernichtet werde und wir nicht Sklaven der Sünde bleiben.«

Galater 5,24

»Alle, die zu Christus Jesus gehören, haben das Fleisch und damit ihre Leidenschaften und Begierden *gekreuzigt*.«

Philipper 3,18–19

»Denn viele … leben als *Feinde* des Kreuzes Christi. Ihr Ende ist das Verderben, ihr Gott der Bauch; ihr Ruhm besteht in ihrer Schande; Irdisches haben sie im Sinn.«

Matthäus 28,19

»… tauft sie auf den *Namen* des Vaters und des Sohnes und des Heiligen Geistes …«

Galater 3,26–27

»Ihr seid *alle* durch den Glauben *Söhne* Gottes in Christus Jesus. Denn ihr alle, die ihr auf Christus getauft seid, habt Christus (als Gewand) angelegt.«

1 Korinther 12,18

»Nun aber hat Gott jedes einzelne Glied so in den *Leib* eingefügt, wie es seiner Absicht entsprach.«

Apostelgeschichte 10,47

»Kann jemand denen das Wasser zur Taufe *verweigern*, die ebenso wie wir den Heiligen Geist empfangen haben?«

> Ist dir aufgefallen, dass der Heilige Geist erst nach der Taufe in den menschlichen Körper (vollständig) einzieht? Es ist jedoch auch möglich, dass der Heilige Geist (zum Teil) bereits vor der Taufe aus Gnade empfangen wurde. Dies bedeutet nicht, dass es die Taufe erspart.

25 Warum starb Jesus am Kreuz für uns Menschen?

Hebräer 2,9

»… es war nämlich Gottes gnädiger Wille, dass er *für alle* den Tod erlitt.«

Hebräer 2,14

»Da nun die Kinder Menschen von Fleisch und Blut sind, hat auch er *in gleicher Weise* Fleisch und Blut angenommen, um durch seinen Tod den zu entmachten, der die Gewalt über den Tod hat, nämlich den Teufel.«

Römer 8,3

»Weil das Gesetz, *ohnmächtig* durch das Fleisch, nichts vermochte, sandte Gott seinen Sohn in der Gestalt des Fleisches, das unter der Macht der Sünde steht, zur Sühne für die Sünde ...«

Hebräer 9,22

»Fast alles wird nach dem Gesetz mit Blut gereinigt, *und ohne dass Blut vergossen wird*, gibt es keine Vergebung.«

> Anmerkung: Dies ist nicht wörtlich zu nehmen. Blut vergießen meint: Sterben in der Taufe, und dabei bleibt man lebendig! Wenn wir im weltlichen Leben von »sterben« sprechen, verwendet das Neue Testament dafür die Begriffe »entschlafen« oder »verstorben«.

Hebräer 2,18

»*Denn da er selbst in Versuchung geführt wurde und gelitten hat,* kann er denen helfen, die in Versuchung geführt werden.«

> Konntest du mal eine Handlungsweise deines Freundes oder eines Fremden nicht verstehen und hast ihn verurteilt? Dann wirst du bestimmt bald selbst in die Lage kommen, um verstehen zu können.

1 Thessalonicher 5,10

»Er ist für uns gestorben, *damit wir vereint mit ihm leben,* ob wir nun wachen oder schlafen.«

26 Die Salbung

1 Johannes 2,27

»... Die Salbung, die ihr von ihm empfangen habt, *bleibt in euch* und ihr braucht euch von niemand belehren zu lassen. Alles, was seine Salbung euch lehrt, ist wahr und keine Lüge. Bleibt in ihm, wie es euch seine Salbung gelehrt hat.«

Vom Wort »Salbung« kann man auf »Salbe« schließen.

In 1 Mose 1,2 (= Genesis 1,2) steht: »… Gottes Geist schwebte über dem Wasser.«

Wasser hat bei der Taufe die Bedeutung der Salbe.

Du hast von ganzem Herzen beschlossen, dich taufen zu lassen? Taufen heißt tauchen. Wenn du im Wasserbad untertauchst – symbolisch für das Kreuzigen oder Sterben des alten sündigen Menschen – und anschließend wieder auftauchst – symbolisch für geistige Geburt oder Auferweckung –, dann hat sich der innere Heilige Geist mit dem äußeren Heiligen Geist durch deinen Entschluss und die Handlungen verbunden. Gemäß Bibelsprache werden wir innerlich gesalbt; äußerlich ziehen wir Christus an.

Johannes 11,25–26

»… Wer an mich glaubt, *wird leben, auch wenn er stirbt,* und jeder, der lebt und an mich glaubt, *wird auf ewig nicht sterben* …«

Hebräer 9,27

»Und wie es dem Menschen bestimmt ist, *ein einziges Mal* zu sterben, worauf dann das Gericht folgt.«

Ein einziges Mal sterben bedeutet, entweder ganz zu Gott (sterben in der Taufe) oder (selten) zu Satan zu kommen.

Wieso zu Satan? Weil die Wassertaufe noch von der Feuertaufe abgelöst wird.

27 Die Seele ist unsterblich

Matthäus 10,28

»Fürchtet euch nicht vor denen, die den Leib töten, *die Seele aber nicht töten können,* sondern fürchtet euch vor dem, der Seele und Leib ins Verderben der Hölle stürzen kann.«

Matthäus 16,28

»Amen, ich sage euch: Von denen, die hier stehen, werden einige *den Tod nicht erleiden,* bis sie den Menschensohn in seiner königlichen Macht kommen sehen.«

Das sagte Jesus vor ca. 2000 Jahren!

2 Korinther 5,6–7

»Wir sind also immer zuversichtlich, auch wenn wir wissen, dass wir fern vom Herrn in der Fremde leben, solange wir in diesem Leib zu Hause sind; denn als Glaubende gehen wir unseren Weg, *nicht als Schauende.*«

Johannes 8,58

»Jesus erwiderte ihnen: Amen, amen, ich sage euch: Noch ehe Abraham wurde, *bin ich.*«

28 Die Feuertaufe

Matthäus 3,11

»... Er [Gott] wird euch mit dem Heiligen Geist und mit *Feuer* taufen.«

Hebräer 12,29

»denn unser Gott ist verzehrendes Feuer.«

1 Korinther 3,13

»... Das Feuer wird *prüfen,* was das Werk eines jeden taugt.«

Offenbarung 3,19

»Wen ich liebe, den weise ich zurecht und nehme ihn in Zucht ...«

Hebräer 12,11

»Jede Züchtigung scheint zwar für den Augenblick nicht Freude zu bringen, sondern *Schmerz;* später aber schenkt sie denen, die durch diese Schule gegangen sind, als Frucht den Frieden und die Gerechtigkeit.«

1 Petrus 1,6–7

»Deshalb seid ihr voll Freude, *obwohl* ihr jetzt vielleicht kurze Zeit unter mancherlei *Prüfungen* leiden müsst. Dadurch soll sich euer Glaube bewähren ...«

2 Petrus 2,9–10a

»Der Herr kann die Frommen aus der Prüfung retten; *bei den Ungerechten aber kann er warten,* um sie am Tag des Gerichts zu bestrafen, besonders die, die sich von der schmutzigen Begierde ihres Körpers beherrschen lassen und die Macht des Herrn verachten.«

Matthäus 10,38

»Und wer nicht sein *Kreuz* auf sich nimmt und mir nachfolgt, ist meiner nicht würdig.«

29 Der jetzige Himmel und die jetzige Erde

2 Petrus 3,7

»Der jetzige Himmel aber und die jetzige Erde sind durch dasselbe Wort für das *Feuer* aufgespart worden ...«

30 Woher kommt die Kraft?

Jesaja 30,15

»Nur in Umkehr und Ruhe liegt eure Rettung, nur Stille und Vertrauen verleihen euch *Kraft* ...«

2 Korinther 4,7

»Diesen Schatz tragen *wir* in zerbrechlichen *Gefäßen*; so wird deutlich, dass das *Übermaß der Kraft von Gott* und nicht von uns kommt.«

Philipper 2,13

»*Denn Gott ist es*, der in euch das Wollen und das Vollbringen bewirkt, noch über euren guten Willen hinaus.«

31 Wann kommt das Reich Gottes?

Lukas 17,20–21

»... Das Reich Gottes kommt nicht so, dass man es an äußeren Zeichen erkennen könnte. Man kann auch nicht sagen: Seht, hier ist es!, oder: Dort ist es! Denn: *Das Reich Gottes ist (schon) mitten unter euch.*«

Wir sind Gottes Wohnung!

Lukas 18,29–30

»... Jeder, der *um des Reiches Gottes willen* Haus oder Frau, Brüder, Eltern oder Kinder

verlassen hat, wird dafür schon in dieser Zeit das Vielfache erhalten und in der kommenden Welt das ewige Leben.«

Es gibt doch das Gebot »Du sollst nicht die Ehe brechen!«. Wie soll ich nun dieses Zitat verstehen?

Wir sind Gottes Wohnung! Jeder Gläubige möchte dies auch sein. Andere, die vorerst nicht die Gnade Gottes erhalten, weil sie zu viel Satan in sich haben, können es den Gläubigen richtig schwer machen. Der Geist Satans versucht nämlich die Seelen ständig zu verführen, um sie »abzugrasen«.

Je mehr Leid, desto besser geht es Satan oder dem Menschen, der ihn aufgenommen hat. Dies ist eine große Täuschung, denn dieses Gefühl ist kein friedliches, sondern pure Leidenschaft, die Leiden schafft.

Wenn sich ein Gott-verbundener Mensch ständig sehr schlecht fühlt und zu viel inneren Kampf gegen die negative Energie im anderen Menschen führen muss, dann ist es besser, diesen zu verlassen. (Die Situation muss wirklich schwerwiegend sein.) Beschließe dies auf keinen Fall voreilig und niemals mit dem Kopf allein, sondern handle erst, wenn sich Herz (Gefühl) und Verstand lange genug einig sind.

Vorsicht! Satan gibt viele Gedanken ein; er wird dich anfeuern, den anderen zu verlassen. Schließlich lebt er vom Leid. Dazu folgt später noch mehr (siehe Überschrift 93 »Die geistige Speise«). Besser du überprüfst dich auch bei einer Übereinstimmung von Herz und Verstand, indem du dir gedanklich möglichst viele Situationen vorstellst, die folgen könnten. Schließe dabei die Augen und fühle. Habe keine Angst, wenn das Böse dich einzuschüchtern versucht.

Erst wenn man wirklich alles getan hat, um die Gemeinschaft, die Partnerschaft oder die Ehe zu retten, geht die Angelegenheit auch gut aus. Wer voreilig seinen Partner etc. verlassen hat und dies später bereute, kann sicher ein Lied vom Leid singen.

Paulus gab zum Beispiel nur dem Ungläubigen die Erlaubnis, seinen gläubigen Ehepartner zu verlassen. Wenn nun der Gläubige also den Ungläubigen verlässt, muss es gute Gründe geben.

32 Die Knechte Christi

Galater 1,10

»… Wollte ich noch *den Menschen gefallen*, dann wäre ich kein Knecht Christi.«

Matthäus 6,26

»Seht euch die Vögel des Himmels an: Sie säen nicht, sie ernten nicht und sammeln keine Vorräte in Scheunen; euer himmlischer Vater ernährt sie. Seid ihr nicht *viel mehr wert* als sie?«

33 Der von Gott erfüllte Mensch

Johannes 15,15

»Ich nenne euch *nicht mehr Knechte*; denn der Knecht weiß nicht, was sein Herr tut …«

34 Jesu Jünger

Matthäus 16,24

»… Wer mein Jünger sein will, der *verleugne* sich selbst …«

Johannes 8,31

»… Wenn ihr in meinem Wort *bleibt*, seid ihr wirklich meine Jünger.«

Johannes 14,12

»Amen, amen, ich sage euch: Wer an mich glaubt, wird die Werke, die ich vollbringe, auch vollbringen und er wird *noch größere* vollbringen, denn ich gehe zum Vater.«

35 Gleichnisse

Markus 4,11

»Da sagte er zu ihnen: Euch ist das Geheimnis des Reiches Gottes *anvertraut*; denen aber, die draußen sind, wird alles in Gleichnissen gesagt.«

36 Was bedeutet »Kirche«?

Kolosser 1,18

»*Er* [Jesus] ist das *Haupt* des Leibes, / der *Leib* aber ist *Kirche* …«

1 Korinther 12,18

»Nun aber hat Gott jedes einzelne Glied so *in den Leib eingefügt*, wie es seiner Absicht entsprach.«

Epheser 4,16

»Durch ihn wird der ganze Leib zusammengefügt und gefestigt in jedem einzelnen Gelenk. Jedes trägt mit der Kraft, die ihm zugemessen ist. So *wächst der Leib* und wird in Liebe aufgebaut.«

37 Aufruf zur Einheit im Glauben

Epheser 4,13

»So sollen wir alle zur Einheit im Glauben und in der Erkenntnis des Sohnes Gottes gelangen, damit wir zum vollkommenen *Menschen* werden und *Christus in seiner vollendeten Gestalt darstellen.*«

Epheser 4,4–6

»Ein Leib und ein Geist, wie euch durch eure Berufung auch eine gemeinsame Hoffnung gegeben ist; ein Herr, ein Glaube, eine Taufe, ein Gott und Vater aller, der über allem und durch alles und *in allem ist.*«

38 Die Frau als Beschreibung für Kirche

Epheser 5,31–33

»Darum wird der Mann Vater und Mutter verlassen und sich an seine *Frau* binden und die zwei werden ein Fleisch sein. Dies ist ein tiefes *Geheimnis; ich beziehe es auf Christus und die Kirche.* Was euch angeht, so liebe jeder von euch seine Frau wie sich selbst, die Frau aber ehre den Mann.«

2 Korinther 11,2

»… ich habe euch einem einzigen Mann verlobt, um euch als reine Jung*frau* zu Christus zu führen.«

> Gemeint ist hier die Wassertaufe. Hat dir das schon jemand mal gesagt? Prüfe immer zuerst die Absicht (Motivation) des anderen.

39 Wer darf zu Jesus kommen?

Johannes 6,37

»Alles, *was der Vater mir gibt*, wird zu mir kommen, und wer zu mir kommt, den werde ich nicht abweisen.«

Alles – und nicht alle oder jeder. Gott ist in allem; siehe Epheser 4,6.

Johannes 6,65

»... *Niemand* kann zu mir kommen, wenn es ihm nicht vom Vater gegeben ist.«

2 Petrus 2,16

»... Ein *stummes Lasttier* redete mit menschlicher Stimme und verhinderte das wahnwitzige Vorhaben des Propheten.«

Matthäus 10,29

»... Und doch fällt *keiner* [Spatz] von ihnen zur Erde ohne den Willen eures Vaters.«

Hier ist der Beweis, dass Gott in jedem und allem wohnt, auch in Tieren und Pflanzen. Haustiere zum Beispiel haben Gottes Auftrag, den Menschen zu dienen, indem sie helfen, des Menschen Herz zu öffnen. Wie viel Liebe sie zu geben haben, ohne nachtragend zu sein, wie sie den Menschen Krankheiten abnehmen und wie sie sogar ihr Leben für ihr Herrchen geben, müsste doch jeden schon zum Nachdenken angeregt haben. Nur wenn der Mensch diese Liebe auch an das Tier zurückgibt, bleibt es gesund und kann seinen Auftrag erfüllen. Der egoistische Mensch, der nur Liebe vom Tier (ab)nimmt, wird es schwach machen. Es gibt auch böse Tiere, wenn auch sehr wenige, weil sie durch Lieblosigkeit so schwach geworden sind ...

An alle Juristen und das Justizministerium: Tiere sind keine Sache! Im Namen Jesu, ändern Sie die Gesetze, damit Tierquälerei in Zukunft nicht straffrei bleibt.

Ebenso sind auch Pflanzen voller Gottesenergie.

Sirach 38,4

»Gott bringt aus der Erde *Heilmittel* hervor, / der Einsichtige verschmähe sie nicht.«

40 Die falsche Lehre

Galater 5,10
»... Wer euch *verwirrt*, der wird das Urteil Gottes zu tragen haben, wer es auch sei.«

1 Korinther 5,6
»... Wisst ihr nicht, dass ein wenig *Sauerteig* den ganzen Teig durchsäuert?«

Matthäus 16,11–12
»Warum begreift ihr denn nicht, dass ich *nicht* von *Brot* gesprochen habe, als ich zu euch sagte: Hütet euch vor dem Sauerteig der Pharisäer und Sadduzäer?

Da verstanden sie, dass er nicht gemeint hatte, sie sollten sich vor dem Sauerteig hüten, mit dem man Brot backt, *sondern* vor der *Lehre* der Pharisäer und Sadduzäer.«

41 Wie unterscheide ich die richtige von der falschen Lehre?

Johannes 6,51
»... Das *Brot*, das ich geben werde, *ist mein Fleisch*, (ich gebe es hin) für das Leben der Welt.«

Johannes 6,56
»Wer mein Fleisch *isst* und mein Blut *trinkt*, der bleibt in mir und ich bleibe in ihm.«

Fleisch = Lehre Christi
Blut = sterben in der Taufe

Johannes 6,63
»Der Geist ist es, der lebendig macht; das Fleisch *nützt nichts*.«

Die Lehre zu kennen nützt alleine nichts, wenn man nicht zur Umkehr bereit ist und entsprechend handelt.

Johannes 7,17
»Wer bereit ist, den Willen Gottes *zu tun*, wird erkennen, ob diese Lehre von Gott stammt oder ob ich in meinem eigenen Namen spreche.«

Johannes 7,16

»Darauf antwortete ihnen Jesus: Meine Lehre *stammt* nicht von mir, sondern von dem, der mich gesandt hat.«

42 Die Wahl des Hirten

Johannes 10,12

»Der *bezahlte* Knecht aber, *der nicht Hirt ist* und dem die Schafe nicht gehören, lässt die Schafe im Stich und flieht, wenn er den Wolf kommen sieht.«

1 Korinther 12,7

»Jedem aber wird die Offenbarung des Geistes geschenkt, *damit sie anderen nützt.*«

Ezechiel 34,2

»… Weh den Hirten Israels, die nur *sich selbst* weiden. Müssen die Hirten nicht die Herde weiden?«

43 Falsche Propheten und Irrlehrer

Judas 1,16

»Sie sind Nörgler, immer unzufrieden mit ihrem Geschick; sie lassen sich von ihren Begierden leiten; sie nehmen große Worte in den Mund und schmeicheln den Menschen aus *Eigennutz.*«

Matthäus 24,24

»Denn es wird mancher falsche Messias und mancher falsche Prophet auftreten und sie werden große *Zeichen und Wunder tun*, um, wenn möglich, auch die Auserwählten irrezuführen.«

2 Korinther 11,14

»Kein Wunder, denn auch der Satan *tarnt* sich als Engel des Lichts.«

Apostelgeschichte 20,30

»Und selbst aus *eurer Mitte* werden Männer auftreten, die mit ihren falschen Reden die Jünger auf ihre Seite ziehen.«

2 Petrus 2,10b–13

»Diese frechen und anmaßenden Menschen schrecken nicht davor zurück, die überirdischen Mächte zu lästern ... Sie *lästern* über Dinge, die sie nicht verstehen ... und als Lohn für ihr Unrecht werden sie Unrecht erleiden ...«

44 Richtige Propheten

Numeri 12,6

»Und der Herr sprach: Hört meine Worte! Wenn es bei euch einen Propheten gibt, so gebe ich mich ihm in *Visionen* zu erkennen und rede mit ihm im *Traum.*«

2 Chronik 20,20

»... Vertraut auf den Herrn, euren Gott, dann werdet ihr bestehen. *Vertraut* auf seine Propheten, dann werdet ihr Erfolg haben.«

2 Petrus 1,21

»... denn *niemals* wurde eine Weissagung ausgesprochen, weil ein Mensch es wollte, sondern vom Heiligen Geist getrieben haben Menschen im Auftrag Gottes geredet.«

Jeremia 28,9

»Der Prophet aber, der Heil weissagt – an der *Erfüllung* des prophetischen Wortes erkennt man den Propheten, den der Herr wirklich gesandt hat.«

Ezechiel 33,33

»Wenn das aber kommt (was du sagst) – und es *kommt* –, dann werden sie erkennen, dass mitten unter ihnen ein Prophet war.«

1 Korinther 14,3–4

»Wer aber *prophetisch redet,* redet zu Menschen: Er baut auf, ermutigt, spendet Trost. Wer in Zungen redet, erbaut sich selbst; wer aber prophetisch redet, baut die Gemeinde auf.«

Matthäus 7,16

»An ihren *Früchten* werdet ihr sie erkennen ...«

Bitte lese dazu noch einmal Kapitel 14 und 22.

Johannes 15,2

»Jede Rebe an mir, die keine Frucht bringt, *schneidet er ab* und jede Rebe, die Frucht bringt, *reinigt er*, damit sie mehr Frucht bringt.«

45 Lehrer und lehren

Jakobus 3,1

»Nicht so viele von euch sollen Lehrer werden, meine Brüder. Ihr wisst, dass wir im Gericht *strenger beurteilt* werden.«

1 Korinther 9,18

»Was ist nun mein Lohn? Dass ich das Evangelium *unentgeltlich* verkünde und so auf mein *Recht* verzichte.«

1 Korinther 9,17

»Wäre es *mein* freier Entschluss, so erhielte ich Lohn …«

Matthäus 12,37

»… denn *aufgrund* deiner *Worte* wirst du freigesprochen und aufgrund deiner Worte wirst du verurteilt werden.«

2 Timotheus 2,24–25

»… ein geschickter und geduldiger Lehrer, der auch die *mit Güte zurechtweist*, die sich hartnäckig widersetzen.«

Titus 2,15

»So sollst du mit allem *Nachdruck* lehren, ermahnen und zurechtweisen. Niemand soll dich gering achten.«

Galater 6,6

»Wer im Evangelium unterrichtet wird, lasse seinen Lehrer an allem *teilhaben*, was er besitzt.«

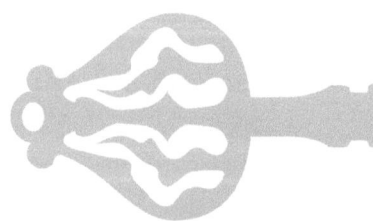

46 Der Sinn der Laute

1 Korinther 14,10–11

»Es gibt wer weiß wie viele Sprachen in der Welt und *nichts* ist ohne Sprache. Wenn ich nun den *Sinn* der Laute nicht kenne, bin ich für den Sprecher ein Fremder, wie der Sprecher für mich.«

Verstehst du die direkte und die indirekte Botschaft?

Lukas 6,39

»… Kann ein Blinder einen Blinden führen? …«

47 Aufforderung zur sanften Rede

1 Korinther 8,11

»*Der Schwache* geht an deiner ›Erkenntnis‹ zugrunde, er, dein Bruder, für den Christus gestorben ist.«

Kolosser 4,6

»Eure Worte seien immer freundlich, doch mit Salz gewürzt; denn ihr müsst jedem in der *rechten Weise* antworten können.«

48 Das Gesetz

Galater 5,17–18

»Denn das Begehren des Fleisches richtet sich gegen den Geist, das Begehren des Geistes aber gegen das Fleisch; *beide* stehen sich als *Feinde* gegenüber, sodass ihr nicht imstande seid, das zu tun, was ihr wollt. Wenn ihr euch aber vom Geist führen lasst, dann steht ihr nicht unter dem Gesetz.«

Alles Leid kommt nur durch das Ego. Wenn du sagst (und auch so denkst!): »Dein (Gottes) Wille geschehe«, dann fühlst du sofort, wie dich der Schmerz (der Leidenschaft) verlässt.

Galater 3,23–25

»Ehe der Glaube kam, waren wir im Gefängnis des Gesetzes, festgehalten bis zu der Zeit, da der Glaube offenbart werden sollte. So hat das Gesetz uns in Zucht gehalten bis *zum Kommen Christi*, damit wir durch den Glauben gerecht gemacht werden. Nachdem aber der Glaube gekommen ist, stehen wir nicht mehr unter dieser Zucht.«

Das Alte Testament gilt nur noch hinsichtlich der Zehn Gebote sowie der Prophetie (im Voraus geschriebene Geschichte).

Galater 3,21

»... Wäre ein Gesetz gegeben worden, das die Kraft hat, *lebendig* zu machen, dann käme in der Tat die Gerechtigkeit aus dem Gesetz.«

Römer 10,4

»Denn Christus ist das Ende des Gesetzes und jeder, der an ihn glaubt, *wird* gerecht.«

»Wird gerecht« bedeutet nicht »ist« gerecht.

49 Das alte Gesetz

Israel empfing am Sinai vom Herrn das Gesetz, das Zahl, Art, Vollzug und Sinn der Gott wohlgefälligen Opfer festlegte.

Das Gesetz unterstellte die Kriegsführung in Israel dem Willen Gottes (5. Mose 20). Dies galt für den *alten Bund* Gottes.

Apostelgeschichte 21,21

»... Du lehrst alle unter den Heiden lebenden Juden, *von Mose abzufallen*, und forderst sie auf, ihre Kinder *nicht zu beschneiden* und sich *nicht an die Bräuche* zu halten.«

Galater 5,4–5

»Wenn ihr also *durch* das Gesetz gerecht werden wollt, dann habt ihr mit Christus nichts mehr zu tun; ihr seid aus der Gnade herausgefallen. Wir aber erwarten die erhoffte Gerechtigkeit *kraft* des Geistes und aufgrund des Glaubens.«

Römer 7,6

»Jetzt aber sind wir *frei* geworden von dem Gesetz, an das wir gebunden waren, wir sind tot für das Gesetz und dienen in der neuen Wirklichkeit des Geistes, *nicht mehr in der alten des Buchstabens.*«

»Buchstabe« bedeutet: die Anweisungen für den alten Bund (siehe Altes Testament).

Römer 3,20

»Denn durch *Werke des Gesetzes* wird niemand vor ihm gerecht werden; durch das Gesetz kommt es vielmehr zur Erkenntnis der Sünde.«

Dies ist jetzt schwer zu verstehen. Du wirst es verstehen, wenn du das ganze Buch verinnerlicht hast. Nur Geduld.

Römer 7,21

»Ich stoße also auf das Gesetz, dass *in mir* das Böse vorhanden ist, obwohl ich das Gute tun will.«

Apostelgeschichte 13,38–39

»… Durch diesen wird euch die Vergebung der Sünden verkündet, und in allem, *worin euch das Gesetz des Mose nicht gerecht machen konnte,* wird jeder, der glaubt, durch ihn gerecht gemacht.«

2 Korinther 3,15–16

»Bis heute liegt die Hülle auf ihrem Herzen, wenn Mose vorgelesen wird. Sobald sich aber einer dem Herrn zuwendet, *wird die Hülle entfernt.*«

Nun, dies ist dir durch dieses Buch hier abgenommen worden.

2 Korinther 4,3

»Wenn unser Evangelium *dennoch verhüllt* ist, ist es nur denen verhüllt, die verloren gehen.«

Galater 4,24

»*Darin liegt ein tieferer Sinn:* Diese Frauen [Abrahams] bedeuten die beiden Testamente …«

Hebräer 10,9

»… So *hebt* Christus das Erste *auf*, um das Zweite in Kraft zu setzen.«

Lukas 24,44

»… *Alles* muss in Erfüllung gehen, was im Gesetz des Mose, bei den Propheten und in den Psalmen *über mich* [Jesus] gesagt ist.«

50 Das neue Gesetz

Hebräer 8,10

»Das wird der Bund sein, den ich nach diesen Tagen mit dem Haus Israel schließe – spricht der Herr: Ich lege meine Gesetze in ihr Innerstes hinein und schreibe sie ihnen *in ihr Herz* …«

Jakobus 2,10

»Wer das ganze Gesetz hält und nur gegen ein einziges *Gebot* verstößt, der hat sich gegen alle verfehlt.«

> Hier geht es eindeutig um die Zehn Gebote. Da die Gebote ins Herz »geschrieben« sind, wissen wir von Anfang an, was richtig und was falsch ist.

Römer 7,12

»Das *Gesetz* ist heilig und das *Gebot* ist heilig, gerecht und gut.«

> *Gebot* ist eindeutig. Das *Gesetz* wird im nächsten Spruch beschrieben.

Galater 6,7

»… was der Mensch sät, wird er ernten.«

Johannes 4,35

»… Blickt umher und seht, dass die *Felder weiß* sind, reif zur Ernte.«

Jakobus 4,12

»Nur *einer* ist der Gesetzgeber und Richter: er, der die Macht hat, zu retten und zu verderben. Wer aber bist du, dass du über deinen Nächsten richtest?«

2 Korinther 9,6

»Denkt daran: Wer kärglich *sät*, wird auch kärglich *ernten*, wer reichlich sät, wird reichlich ernten.«

Matthäus 8,13

»... Es soll geschehen, wie du geglaubt hast ...«

Erkenne hier die doppelte Bedeutung!

Römer 2,13

»Nicht die sind vor Gott gerecht, die das Gesetz hören, sondern *er* wird die für gerecht erklären, die das Gesetz *tun*.«

Hebräer 8,7

»Wäre nämlich jener erste Bund ohne Tadel, so würde man nicht einen zweiten an seine Stelle *zu setzen* suchen.«

Römer 4,4

»Dem, der *Werke tut*, werden diese nicht aus Gnade angerechnet, sondern er bekommt den *Lohn*, der ihm zusteht.«

Matthäus 12,7

»... Barmherzigkeit will ich, *nicht Opfer* ...«

Hebräer 10,2

»Hätte man nicht *aufgehört* zu opfern, wenn die Opfernden ein für alle Mal gereinigt und sich keiner Sünde mehr bewusst gewesen wären?«

Römer 13,10

»Die Liebe tut dem Nächsten nichts Böses. Also ist die Liebe die *Erfüllung* des Gesetzes.«

Liebe hemmt die Entfaltung der negativen Energie.

51 Nur noch minimale Anweisungen im neuen Bund

- Keine *körperliche* Beschneidung mehr
- Keine *Trennung* zwischen reinen und unreinen Tieren mehr
- Keine materiellen *Opfer* mehr (Spenden erwünscht)
- Keinen *Krieg* gegen Menschen mehr
- Keine Priester*satzungen* mehr

Römer 10,4

»Denn Christus ist das *Ende* des Gesetzes und jeder, der an ihn glaubt, wird gerecht.«

Römer 2,29

»sondern Jude ist, wer es im Verborgenen ist, und Beschneidung ist, *was am Herzen durch den Geist*, nicht durch den Buchstaben geschieht.«

Markus 7,19

»Denn es *gelangt* ja nicht in sein Herz, sondern in den Magen und wird wieder ausgeschieden. Damit erklärte Jesus *alle* Speisen für rein.«

Tiere sind eingeschlossen – siehe Apostelgeschichte 10,11–15.

Wer auf einer der obersten Stufen der Treppe zu Gott steht, wird nicht mehr essen können/wollen, was Augen hat.

Welche es noch tun, sündigen nicht.

1 Timotheus 4,4–5

»Denn *alles, was Gott geschaffen hat*, ist gut und nichts ist verwerflich, wenn es mit Dank genossen wird; es wird geheiligt durch Gottes Wort und durch das Gebet.«

Hebräer 13,16

»Vergesst nicht, *Gutes zu tun* und mit anderen zu teilen; denn an solchen *Opfern* hat Gott Gefallen.«

1 Petrus 2,5

»... um *durch* Jesus Christus *geistige Opfer* darzubringen, die Gott gefallen.«

Hebräer 7,14

»es ist ja bekannt, dass unser Herr dem Stamm Juda entsprossen ist, und diesem hat Mose *keine* Priestersatzungen gegeben.«

Hebräer 7,8

»Und in dem einen Fall nehmen den *Zehnten* sterbliche Menschen, im anderen aber einer, von dem bezeugt wird, dass er lebt.«

Apostelgeschichte 18,15

»*Streitet* ihr jedoch über Lehre und Namen und euer Gesetz, dann seht selber zu!«

Apostelgeschichte 15,19–20

»Darum halte ich es für richtig, den Heiden, die sich zu Gott bekehren, keine Lasten *aufzubürden*; man weise sie nur an, Verunreinigung durch Götzen(opferfleisch) und Unzucht zu meiden und weder Ersticktes noch Blut zu essen.«

Alle Tiere, welche mit einem Ritual getötet werden, nennt man Götzenopferfleisch. Götzen werden später noch genauer erläutert.

Wenn man nicht Gott ehrt, sondern andere Wesen – seien es andere Götter oder auch Menschen – die Ehre, welche Gott gebührt, zukommen lässt, freuen sich die Dämonen. Von dieser Gedankenenergie leben die Götzen (Dämonen) nämlich! Das gilt auch, wenn das Tier zu Ehren Gottes getötet wird, denn Gott möchte dies nicht im neuen Bund der Gläubigen!

Unzucht ist die schlimmste Sünde. Dazu werden diese Schriften bei der Darlegung der Zehn Gebote deutlich Stellung nehmen.

Ersticktes bezeichnet natürlich gestorbene Tiere. Auf die Idee, solche Tiere zu verspeisen, kommt »intuitiv« kein Mensch! Warum? Weil uns dies von Gott in die Herzen geschrieben wurde.

Kein Blut zu essen oder zu trinken sollten und müssen wir unbedingt sehr, sehr ernst nehmen (hier Doppelbedeutung!).

52 Das Gericht

Johannes 16,11

»*Gericht*: dass der Herrscher dieser Welt gerichtet ist.«

Johannes 14,30

»Ich werde nicht mehr viel zu euch sagen; denn *es kommt der Herrscher der Welt. Über mich hat er keine Macht.*«

Johannes 12,31

»*Jetzt* wird Gericht gehalten über diese Welt; jetzt wird der Herrscher dieser Welt hinausgeworfen werden.«

1 Korinther 11,31

»Gingen wir *mit uns selbst* ins Gericht, dann würden wir nicht gerichtet.«

1 Timotheus 5,24

»Die *Sünden* mancher Leute liegen offen zutage, sie laufen ihnen gleichsam voraus zum Gericht; bei anderen kommen sie erst hinterher.«

Johannes 5,45

»Denkt nicht, dass ich euch beim Vater *anklagen* werde; Mose klagt euch an, auf den ihr eure Hoffnung gesetzt habt.«

Jakobus 2,13

»Denn das Gericht ist *erbarmungslos* gegen den, der kein Erbarmen gezeigt hat. Barmherzigkeit aber *triumphiert* über das Gericht.«

Johannes 5,21–22

»Denn wie der Vater die Toten auferweckt und lebendig macht, so macht auch der Sohn lebendig, wen er will. Auch richtet der Vater niemand, sondern er hat das *Gericht* ganz dem *Sohn* übertragen.«

Johannes 5,24

»... Wer mein Wort hört und dem glaubt, der mich gesandt hat, hat das ewige Leben; er kommt nicht ins Gericht, *sondern ist aus dem Tod ins Leben hinübergegangen.*«

Johannes 5,29

»... Die das Gute getan haben, werden zum Leben *auferstehen*, die das Böse getan haben, zum Gericht.«

Johannes 8,16

»Wenn ich aber urteile, ist mein *Urteil* gültig: denn ich urteile nicht allein, sondern ich und der Vater, der mich gesandt hat.«

1 Korinther 2,15

»Der *geisterfüllte* Mensch urteilt über alles, ihn vermag niemand zu beurteilen.«

Johannes 10,30

»Ich und der Vater sind *eins*.«

Jakobus 2,9

»Wenn ihr aber nach dem Ansehen der Person urteilt, *begeht ihr eine Sünde* und aus dem Gesetz selbst wird offenbar, dass ihr es übertreten habt.«

53 Der Zorn Gottes

Römer 3,5–6

»… Ist Gott – ich *frage* sehr *menschlich* – nicht ungerecht, wenn er seinen Zorn walten lässt? Keineswegs! Denn wie könnte Gott die Welt sonst richten?«

Römer 1,18

»Der *Zorn Gottes* wird vom Himmel herab offenbart wider alle Gottlosigkeit und Ungerechtigkeit der Menschen, die die Wahrheit durch Ungerechtigkeit niederhalten.«

Römer 12,19

»*Rächt euch nicht selber*, liebe Brüder, sondern lasst Raum für den Zorn (Gottes).«

54 Die Zehn Gebote – Exodus 20,1–21

»1 Dann sprach Gott alle diese Worte:
2 Ich bin Jahwe, dein Gott, der dich aus Ägypten geführt hat, aus dem Sklavenhaus.
3 Du sollst neben mir keine anderen Götter haben.«

Lukas 16,13

»… Ihr könnt *nicht beiden* dienen, Gott und dem Mammon.«

ERSTES GEBOT

»4 Du sollst dir kein Gottesbild machen und keine Darstellung von irgendetwas am Himmel droben, auf der Erde unten oder im Wasser unter der Erde.«

Römer 1,23

»Sie vertauschen die Herrlichkeit des unvergänglichen Gottes *mit Bildern*, die einen *vergänglichen Menschen* und fliegende vierfüßige und kriechende Tiere darstellen.«

Der vergängliche Mensch *war* Gottes Wohnung.

1 Korinther 3,21

»Daher soll sich niemand *eines Menschen* rühmen ...«

ZWEITES GEBOT

»5 Du sollst dich nicht vor anderen Göttern niederwerfen und dich nicht verpflichten, *ihnen zu dienen*. Denn ich, der Herr, dein Gott, bin ein eifersüchtiger Gott: Bei denen, die mir Feind sind, *verfolge ich* die Schuld der Väter an den Söhnen, an der dritten und vierten Generation;

6 bei denen, die mich lieben und auf meine Gebote achten, erweise ich Tausenden meine *Huld*.«

Ersetze »eifersüchtiger Gott« mit »eifernder Gott«.

Ist das zweite Gebot ungerecht? Nein! Weißt du noch, dass die Seele unsterblich ist? Also, wer inkarniert hier? Wiedergeboren zu werden (Auferstehung) ist das größte Geschenk, das wir von Gott erhalten. Es ist die Chance, in der neuen menschlichen Existenz alte Fehler zu bereinigen und geistig zu wachsen.

Die Kindheit ist der wichtigste Grundstein im Leben und beeinflusst entscheidend die Wahl und den Erfolg des Weges mit. Wie glücklich sind unsere Kinder?

Matthäus 18,18

»Amen, ich sage euch: *Alles*, was ihr auf Erden *binden werdet*, das wird auch im Himmel gebunden sein und alles, was ihr auf Erden lösen werdet, das wird auch *im Himmel* gelöst sein.«

Die Bedeutung von »Himmel« ist noch eine andere als du jetzt meinst.

Epheser 5,5

»... Kein unzüchtiger, schamloser oder habgieriger Mensch – das *heißt*, kein *Götzendiener* – erhält ein Erbteil im Reich Christi und Gottes.«

Kolosser 3,5–6

»Darum *tötet*, was *irdisch* an euch ist: die Unzucht, die Schamlosigkeit, die Leidenschaft, die bösen Begierden und die Habsucht, die ein *Götzendienst* ist. All das zieht den Zorn Gottes nach sich.«

1 Korinther 6,18–20

»Hütet euch vor der Unzucht! Jede andere Sünde, die der Mensch tut, bleibt *außerhalb* des *Leibes*. Wer aber Unzucht treibt, versündigt sich gegen den eigenen Leib. Oder wisst ihr nicht, dass euer Leib ein Tempel des Heiligen Geistes ist, der in euch wohnt und den ihr von Gott habt? *Ihr gehört nicht euch selbst*; denn um einen teuren Preis seid ihr erkauft worden. *Verherrlicht also Gott in eurem Leib!*«

»Die sieben Todsünden sind Arten der Unzucht.«

1 Korinther 6,13

»... Der Leib ist aber nicht für die Unzucht da, *sondern für den Herrn*, und der Herr für den Leib.«

1 Korinther 6,12

»Alles ist mir erlaubt« – aber nicht alles nützt mir. Alles ist mir erlaubt, aber *nichts* soll Macht haben über mich.«

1 Korinther 7,25

»Was die Frage der *Ehelosigkeit* angeht, so habe ich *kein Gebot* vom Herrn.«

1 Korinther 7,33–34

»Der *Verheiratete* sorgt sich um die Dinge der Welt; er *will* seiner *Frau gefallen*. So ist er geteilt ...«

1 Korinther 7,2

»Wegen der *Gefahr der Unzucht* soll aber jeder seine Frau haben und jede soll ihren Mann haben.«

I Korinther 7,36

»Wer sich gegenüber seiner Jungfrau ungehörig zu verhalten glaubt, wenn sein *Verlangen* nach ihr zu stark ist, der soll tun, wozu es ihn drängt, wenn es so sein muss; er sündigt nicht; sie sollen heiraten.«

Hebräer 13,4

»Die Ehe soll von allen in Ehren gehalten werden und das Ehebett bleibe unbefleckt …«

I Korinther 7,14

»Denn der ungläubige Mann ist durch die Frau *geheiligt* und die ungläubige Frau ist durch ihren gläubigen Mann geheiligt. Sonst wären eure *Kinder* unrein; *sie sind aber heilig.*«

Wie funktioniert dies? Durch Übertragung von Gottesenergie (und noch mehr).

Matthäus 19,12

»… Manche sind von Geburt an zur Ehe unfähig, manche sind von den Menschen dazu gemacht und manche haben sich selbst dazu gemacht – *um des Himmelreiches willen.* Wer das erfassen kann, der erfasse es.«

Du müsstest es jetzt erfassen können, oder lese noch einmal Kapitel 31.

I Timotheus 6,10

»Denn die Wurzel aller Übel ist die *Habsucht.* Nicht wenige, die ihr verfielen, sind vom Glauben abgeirrt und haben sich viele Qualen bereitet.«

I Korinther 10,19–20

»… Oder *ist ein Götze wirklich etwas?* Nein, aber was man dort opfert, opfert man nicht Gott, sondern den Dämonen …«

Die Dämonen leben von der Energie der Leidenschaft!

Lukas 18,24

»Jesus sah ihn an und sagte: Wie *schwer* ist es für Menschen, die viel besitzen, in das Reich Gottes zu kommen!«

Lukas 18,27

»Er erwiderte: Was für Menschen unmöglich ist, ist *für Gott möglich*.«

1 Timotheus 6,9

»Wer aber reich werden will, gerät in Versuchungen und Schlingen, er verfällt vielen sinnlosen und schädlichen Begierden, die den Menschen ins Verderben und *in den Untergang stürzen*.«

Matthäus 19,30

»Viele aber, die jetzt die *Ersten* sind, werden dann die *Letzten* sein, und die Letzten werden die Ersten sein.«

DRITTES GEBOT

»7 Du sollst den *Namen* des Herrn, deines Gottes, *nicht missbrauchen*; denn der Herr lässt den nicht ungestraft, der seinen Namen missbraucht.«

»Johannes 10,33

»... Wir steinigen dich nicht wegen eines guten Werkes, sondern wegen Gotteslästerung; denn du bist nur ein *Mensch* und *machst dich selbst zu Gott*.«

2 Timotheus 2,19

»... Der Herr *kennt* die Seinen, und: Wer den Namen des Herrn nennt, meide das Unrecht.«

Epheser 4,31

»Jede Art von Bitterkeit, Wut, Zorn, Geschrei und Lästerung und alles Böse *verbannt* aus eurer Mitte!«

VIERTES GEBOT

»8 Gedenke des Sabbats: Halte ihn heilig!

9 Sechs Tage darfst du schaffen und jede Arbeit tun.

10 *Der siebte Tag ist ein Ruhetag*, dem Herrn, deinem Gott, geweiht. An ihm darfst du keine Arbeit tun: du, dein Sohn und deine Tochter, dein Sklave und deine Sklavin, dein Vieh und der Fremde, der in deinen Stadtbereichen Wohnrecht hat.

11 Denn in sechs Tagen hat der Herr Himmel, Erde und Meer gemacht und alles, was dazugehört; am siebten Tag ruhte er. Darum hat der Herr den Sabbattag gesegnet und ihn für heilig erklärt.«

Warum ist dieses Gebot so wichtig? Weil Gott in uns ruhen will! Willst du dem Herrn vorschreiben, wann er ruhen soll, ihm, dem Schöpfer des Alls? Wann ruhen die Menschen überwiegend? Am Sonntag = erster Tag der Woche.

Kolosser 2,16
»Darum soll euch *niemand* verurteilen wegen Speise und Trank oder wegen eines Festes ob Neumond oder Sabbat.«

Ezechiel 20,20
»Haltet meine Sabbat-Tage heilig; sie sollen das Zeichen (des Bundes) zwischen mir und euch sein …«

Matthäus 12,12
»… Darum ist es am Sabbat *erlaubt*, Gutes zu tun.«

»Lukas 14,3
»… Ist es am Sabbat *erlaubt* zu heilen, oder nicht?«

Selbstverständlich – lies Lukas 14,1–6!

FÜNFTES GEBOT
»12 Ehre deinen Vater und deine Mutter, damit du lange lebst in dem Land, das der Herr, dein Gott, dir gibt.«

Hebräer 12,9
»Ferner: An unseren leiblichen Vätern hatten wir harte Erzieher und wir achteten sie. Sollen wir uns dann nicht erst recht dem *Vater der Geister unterwerfen* und so das Leben haben?«

SECHSTES GEBOT
»13 Du sollst nicht morden.«

SIEBTES GEBOT
»14 Du sollst nicht die Ehe brechen.«

Matthäus 19,9
»Ich sage euch: Wer seine Frau entlässt, obwohl kein Fall von *Unzucht* vorliegt, *und* eine andere heiratet, der begeht Ehebruch.«

58

Römer 7,3-4

»Wenn sie darum zu *Lebzeiten* des Mannes einem anderen gehört, wird sie Ehebrecherin genannt; *ist aber der Mann gestorben,* dann ist sie frei vom Gesetz und wird
nicht zur Ehebrecherin, wenn sie einem anderen gehört. *Ebenso seid* auch *ihr,* meine
Brüder, durch das Sterben Christi *tot* für das Gesetz, *so dass ihr einem anderen gehört,*
dem, der von den Toten auferweckt wurde …«

ACHTES GEBOT
»15 Du sollst nicht stehlen.«

NEUNTES GEBOT
»16 Du sollst nicht falsch gegen deinen Nächsten aussagen.«

ZEHNTES GEBOT
»17 Du sollst nicht nach dem Haus deines Nächsten verlangen. Du sollst nicht nach
der Frau deines Nächsten verlangen, nach seinem Sklaven oder seiner Sklavin, seinem
Rind oder seinem Esel oder nach irgendetwas, das deinem Nächsten gehört.«

55 Weitere Anweisungen und Klarstellungen

Markus 12,30–31

»Darum sollst du den Herrn, deinen Gott, lieben mit ganzem Herzen und ganzer
Seele, mit all deinen Gedanken und all deiner Kraft. Als Zweites kommt hinzu: Du
sollst deinen Nächsten lieben wie dich selbst. Kein anderes *Gebot* ist größer als diese
beiden.«

> Wer sein Leben liebt, liebt Gott.
> Deinen Nächsten lieben wie dich selbst heißt nicht, ihn mehr zu lieben
> als sich selbst.
> Hätte ich diese Erkenntnis schon früher gehabt, wäre mir viel Leid
> erspart geblieben.

Jakobus 2,10

»Wer das ganze Gesetz hält und nur gegen ein *einziges* Gebot verstößt, der hat sich
gegen *alle* verfehlt.«

1 Johannes 2,3–4

»Wenn wir seine Gebote halten, erkennen wir, dass wir ihn erkannt haben. Wer sagt:

Ich habe ihn erkannt!, aber seine Gebote nicht hält, ist ein Lügner und die Wahrheit ist nicht *in ihm*.«

1 Johannes 3,24

»Wer seine Gebote hält, bleibt in Gott und Gott in ihm. Und dass er *in uns* bleibt, erkennen wir an dem Geist, den er uns gegeben hat.«

Weißt du noch, wo der Geist (Gott) wohnt? Im Herzen (siehe 2 Korinther 1,22). Also hat Geist nichts mit Intelligenz zu tun.

56 Wonach sollen wir streben?

Sirach 18,19

»*Bevor* du redest, unterrichte dich,/und *ehe* du krank wirst, sorge für die Gesundheit!«

Sirach 12,2

»Tu dem *Gerechten* Gutes; dann findest du Lohn,/wenn nicht von ihm, so doch vom Herrn.«

Tu *nicht* dem Ungerechten Gutes, denn damit stärkst du das Böse. Nicht umsonst heißt es im Volksmund: »Undank ist des Welten Lohn«; denn dankbar sind nur die Gerechten.

2 Korinther 4,18

»... denn das Sichtbare *ist* vergänglich, das Unsichtbare *ist* ewig.«

2 Korinther 10,18

»Denn nicht, wer sich selbst *empfiehlt*, ist anerkannt, sondern der, den der Herr empfiehlt.«

57 Das Zeugnis Gottes, das Zeugnis Jesu

1 Johannes 5,11

»Und das *Zeugnis* besteht darin, dass *Gott* uns das ewige Leben gegeben hat; und dieses Leben ist in seinem Sohn.«

Wir sollen alle Söhne Gottes werden! Dieses Zitat folgt später.

Offenbarung 19,10
»… Das *Zeugnis Jesu* ist der Geist prophetischer Rede.«

Apostelgeschichte 26,18
»… Denn sie sollen sich von der Finsternis zum Licht und *von der Macht des Satans zu Gott bekehren* und sollen durch den Glauben an mich die Vergebung der Sünden empfangen und mit den Geheiligten am Erbe teilhaben.«

58 Sünden und böse Taten

Johannes 8,7
»… Wer von euch *ohne Sünde* ist, werfe als Erster einen Stein auf sie.«

1 Korinther 15,56
»Der *Stachel* des Todes aber ist die Sünde, die *Kraft* der Sünde ist das Gesetz.«

Römer 6,13
»Stellt eure *Glieder* nicht der Sünde zur Verfügung als Waffen der Ungerechtigkeit …«

Sirach 10,12
»Mit dem *Trotz* des Menschen fängt sein Übermut an, wenn sich sein Herz abkehrt von seinem Schöpfer.«

Sirach 19,16
»Mancher gleitet aus, doch ohne Absicht./Wer hätte noch nie mit seiner *Zunge* gesündigt?«

Jakobus 3,16
»Wo nämlich *Eifersucht* und *Ehrgeiz* herrschen, da gibt es Unordnung und böse Taten *jeder* Art.«

Römer 14,23
»Wer aber *Zweifel* hat, wenn er etwas *isst*, der ist gerichtet, weil er nicht aus der Überzeugung des Glaubens handelt …«

Lukas 12,48

»Wer aber, *ohne den Willen* des Herrn *zu kennen*, etwas tut, was Schläge verdient, der wird wenig Schläge bekommen. Wem viel gegeben wurde, von dem wird viel zurückgefordert werden, und wem man viel anvertraut hat, von dem wird man umso mehr verlangen.«

Johannes 8,34

»... Wer die Sünde tut, ist *Sklave* der Sünde.«

Johannes 3,20

»Jeder, der Böses tut, hasst das Licht und kommt nicht zum Licht, *damit seine Taten nicht aufgedeckt werden.*«

Hebräer 10,26

»Denn wenn wir *vorsätzlich* sündigen, nachdem wir die Erkenntnis der Wahrheit empfangen haben, gibt es für diese Sünden kein Opfer mehr.«

2 Korinther 4,4

»denn der Gott dieser Weltzeit hat das *Denken* der Ungläubigen verblendet ...«

1 Johannes 2,11

»denn die Finsternis hat seine Augen *blind* gemacht.«

»Blind« im Sinne von »nicht erkennen«, nicht als Gegenteil von »sehend«.

Johannes 12,35

»... Wer in der Finsternis geht, weiß nicht, *wohin* er gerät.«

Johannes 9,39

»Da sprach Jesus: Um zu richten, bin ich in diese Welt gekommen: damit die Blinden sehend und die *Sehenden* blind werden.«

»Sehende« meint weltlich intelligente Menschen, weil sie das Wichtigste nicht wissen.

2 Thessalonicher 2,11

»Darum lässt Gott sie der Macht des *Irrtums* verfallen, sodass sie der *Lüge* glauben;«

2 Timotheus 3,13

»Böse Menschen und Schwindler dagegen werden immer mehr in das Böse hineingeraten; sie sind *betrogene Betrüger*.«

1 Johannes 3,8

»Wer die Sünde tut, stammt vom Teufel; denn der *Teufel* sündigt von Anfang an.«

Hebräer 4,2

»Denn uns ist die gleiche Freudenbotschaft verkündet worden wie jenen; doch hat ihnen das Wort, das sie hörten, nichts genützt, *weil es sich nicht durch den Glauben mit den Hörern verband*.«

Matthäus 13,14

»... *Hören* sollt ihr, aber nicht *verstehen*; / sehen sollt ihr, *sehen*, aber nicht *erkennen*.«

Matthäus 15,14

»Lasst sie, es sind *blinde Blindenführer*. Und wenn ein Blinder einen Blinden führt, werden beide in eine Grube fallen.«

Jakobus 4,17

»Wer also das Gute *tun kann* und es nicht tut, *der sündigt*.«

1 Johannes 5,17

»Jedes Unrecht ist Sünde; aber es gibt Sünde, die *nicht zum Tod* führt.«

Römer 8,13

»... wenn ihr aber *durch den Geist* die (sündigen) Taten des Leibes tötet, werdet ihr leben.«

1 Petrus 4,1

»... Wer im Fleisch *gelitten* hat, für den hat die Sünde ein Ende.«

Matthäus 11,23

»... Wenn in Sodom die *Wunder* geschehen wären, die bei dir geschehen sind, dann stünde es noch heute.«

59 Sünden bekennen und Buße tun

Jakobus 5,16
»Darum bekennt *einander* eure Sünden und betet füreinander, damit ihr geheiligt werdet.«

1 Johannes 1,9
»Wenn wir unsere Sünden bekennen, ist er treu und gerecht; *er vergibt uns* die Sünden und reinigt uns von allem Unrecht.«

Apostelgeschichte 3,19
»Also kehrt um und tut Buße, damit eure Sünden *getilgt* werden.«

Matthäus 9,6
»Ihr sollt aber erkennen, *dass der Menschensohn* die Vollmacht hat, hier auf der Erde Sünden zu vergeben.«

Lukas 7,47
»Deshalb sage ich dir: Ihr sind *viele* Sünden vergeben, weil sie (mir) [Jesus] so viel Liebe gezeigt hat …«

Apostelgeschichte 10,43
»Von ihm bezeugen alle Propheten, *dass jeder,* der an ihn glaubt, durch seinen Namen die Vergebung der Sünden empfängt.«

60 Selig sein

Römer 4,7–8
»*Selig sind die,* deren Frevel vergeben und deren Sünden bedeckt sind. Selig ist der Mensch,/dem der Herr die Sünde *nicht anrechnet.*«

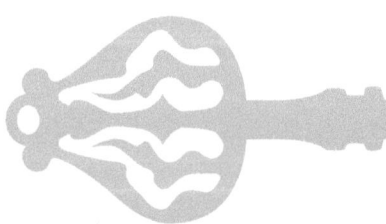

61 Richtiges Beten

Philipper 4,6

»Sorgt euch um nichts, sondern bringt in jeder Lage betend und flehend eure Bitten mit *Dank* vor Gott!«

1 Johannes 5,14

»Wir haben ihm gegenüber die Zuversicht, dass er uns hört, wenn wir etwas erbitten, *das seinem Willen entspricht.*«

Johannes 4,23–24

»Aber die Stunde kommt und sie ist schon da, zu der die *wahren Beter* den Vater anbeten werden im Geist und in der Wahrheit; denn so will der Vater angebetet werden. Gott ist Geist und alle, die ihn anbeten, müssen *im Geist* und in der Wahrheit *anbeten.*«

Gottes Geist wohnt in unserem Herzen, deshalb im Geist, also still beten!
Auch die Satansenergie wohnt in unserem Herzen. Schrei »Ihn« an! Mit lauten Gebeten verjagst Du »Ihn« auch.

Markus 11,24

»Darum sage ich euch: Alles, worum ihr betet und bittet – glaubt nur, dass ihr es *schon erhalten habt,* dann wird es euch zuteil.«

Matthäus 6,5

»Wenn ihr betet, macht es nicht wie die *Heuchler.* Sie stellen sich beim Gebet gern in die Synagogen und an die Straßenecken, *damit* sie von den Leuten gesehen werden. Amen, das sage ich euch: Sie haben ihren Lohn bereits erhalten.«

Man bekommt für jede Tat nur einmal Lohn. Entweder im Guten oder als Strafe. Danach ist die Tat abgegolten. Die Strafe ist ein gnadenvoller Hinweis, dass man auf dem falschen Weg ist.

Johannes 16,23

»... Amen, amen, ich sage euch: Was ihr vom Vater erbitten werdet, das wird er euch *in meinem Namen* geben.«

Wir sollen also im Namen Jesu Christi beten. Wer dies tut, hat auch verstanden, dass Jesus ganz aus Gott war; dass wir Gottes Wohnung sind und wir beides glauben (im Sinne von erkannt haben und deshalb wissen). Ein echter Gläubiger weiß auch durch Fühlen. Wie will man dies erklären?

2 Korinther 4,16
»Darum werden wir nicht müde; wenn auch unser äußerer Mensch aufgerieben wird, *der innere* wird Tag für Tag erneuert.«

2 Korinther 1,20
»… Darum rufen wir durch ihn zu Gottes Lobpreis auch das *Amen*.«

Matthäus 18,19
»… Alles, was zwei von euch auf Erden *gemeinsam* erbitten, werden sie von meinem himmlischen Vater erhalten.«

1 Timotheus 2,1
»Vor allem fordere ich zu Bitten und Gebeten, zu Fürbitte und Danksagung auf, und zwar *für alle Menschen*.«

62 Was ist Glauben und was erreichen wir durch Glauben?

Hebräer 11,1
»*Glaube aber ist*: Feststehen in dem, was man erhofft, Überzeugt sein von Dingen, die man nicht sieht.«

Epheser 6,16
»Vor allem greift zum Schild des Glaubens! Mit ihm könnt ihr alle feurigen *Geschosse* des Bösen auslöschen.«

Markus 9,23
»… Alles kann, *wer* glaubt.«

Hebräer 11,6
»Ohne Glauben aber ist es *unmöglich*, (Gott) zu gefallen; denn wer zu Gott kommen will, muss glauben, dass er ist und dass er denen, die ihn suchen, ihren Lohn geben wird.«

Johannes 3,12

»Wenn ich zu euch über irdische Dinge gesprochen habe und ihr nicht glaubt, wie werdet ihr glauben, wenn ich zu euch über *himmlische* Dinge spreche?«

Johannes 3,36

»Wer an den Sohn glaubt, hat das *ewige Leben*; wer aber dem Sohn nicht gehorcht, wird das Leben nicht sehen, sondern Gottes *Zorn bleibt* auf ihm.«

Lukas 18,8

»... Wird jedoch der Menschensohn, wenn er kommt, auf der Erde (noch) Glauben *vorfinden?*«

63 Glauben allein genügt nicht

Jakobus 1,22

»Hört das Wort nicht nur an, sondern *handelt* danach; sonst betrügt ihr euch selbst.«

Jakobus 2,17

»So ist auch der Glaube *für sich allein tot*, wenn er nicht Werke vorzuweisen hat.«

Jesaja 32,17

»Das Werk der Gerechtigkeit wird der Friede sein, / der Ertrag der Gerechtigkeit sind Ruhe und *Sicherheit für immer*.«

Jakobus 2,24

»Ihr seht, dass der Mensch aufgrund seiner Werke gerecht wird, nicht durch den Glauben *allein*.«

Jakobus 2,19–20

»Du glaubst: *Es gibt nur den einen Gott*. Damit hast du recht; das glauben auch die Dämonen und sie zittern. Willst du also einsehen, du unvernünftiger Mensch, dass der Glaube ohne Werke nutzlos ist?«

Kolosser 3,17

»Alles, was ihr in Worten und Werken tut, *geschehe im Namen Jesu*, des Herrn ...«

Römer 12,2–3

»Gleicht euch nicht dieser Welt an, sondern wandelt euch und erneuert euer Denken, damit ihr prüfen und erkennen könnt, was der Wille Gottes ist: was ihm gefällt, was gut und vollkommen ist ... *Strebt nicht über das hinaus*, was euch zukommt, sondern strebt danach, besonnen zu sein, jeder nach dem Maß des Glaubens, das Gott ihm zugeteilt hat!«

Römer 10,10

»Wer mit dem *Herzen* glaubt und mit dem Mund bekennt, wird Gerechtigkeit und Heil erlangen.«

64 Das ewige Leben

Johannes 17,3

»*Das ist das ewige Leben*: dich, den einzigen wahren Gott, zu erkennen und Jesus Christus, den du gesandt hast.«

65 Nur einer ist der Gute

Matthäus 19,17

»... Nur *einer* ist ›der Gute‹. Wenn du aber das Leben erlangen willst, halte die Gebote!«

66 Gewissheit

1 Thessalonicher 1,4–5

»Wir wissen, von Gott geliebte Brüder, dass ihr erwählt seid. Denn wir haben euch das Evangelium *nicht nur mit Worten verkündet*, sondern auch mit Macht und mit dem Heiligen Geist und mit *voller Gewissheit*; ihr wisst selbst, wie wir bei euch aufgetreten sind, um euch zu gewinnen.«

Was könnte dies sein? Hand auflegen zum Beispiel, damit der »Funke« überspringt. Dies geht nur mit dem Willen Gottes und nur bei Menschen, welche wirklich glauben.

67 Gottes Treue

2 Timotheus 2,13

»Wenn wir untreu sind, / bleibt *er* doch *treu,* / denn er kann sich selbst nicht verleugnen.«

1 Korinther 10,13

»Noch ist keine Versuchung über euch gekommen, die den Menschen überfordert. *Gott ist treu;* er wird nicht zulassen, dass ihr über eure Kraft hinaus versucht werdet. Er wird euch in der Versuchung einen Ausweg schaffen, sodass ihr sie bestehen könnt.«

68 Die Offenbarung

Johannes 14,21

»Wer meine Gebote hat und sie hält, der ist es, der mich liebt; wer mich aber liebt, wird von meinem Vater geliebt werden und auch ich werde ihn lieben und mich ihm *offenbaren.*«

Johannes 14,23

»Jesus antwortete ihm: Wenn jemand mich liebt, wird er an meinem Wort festhalten; mein Vater wird ihn lieben und wir werden zu ihm kommen und bei ihm *wohnen.*«

1 Johannes 3,10

»Daran kann man die Kinder Gottes und die Kinder des Teufels *erkennen:* Jeder, der die Gerechtigkeit nicht tut und seinen Bruder nicht liebt, ist nicht *aus* Gott.«

1 Korinther 4,7

»… Und was hast du, das du nicht empfangen hättest? Wenn du es aber *empfangen* hast, warum *rühmst* du dich, als hättest du es nicht empfangen?«

> Kein echter Christ rühmt sich seiner Gläubigkeit. Sagt seine Kleidung etwas über sein Innenleben aus?

2 Korinther 12,7

»Damit ich mich wegen der einzigartigen Offenbarung *nicht überhebe,* wurde mir ein Stachel ins Fleisch gestoßen: ein Bote Satans, der mich mit Fäusten schlagen soll, damit ich mich nicht überhebe.«

69 Der Sinn des Lebens

2 Korinther 5,15
»Er ist aber für alle gestorben, damit die Lebenden *nicht mehr für sich leben*, sondern für den, der für sie starb und auferweckt wurde.«

Matthäus 23,25–26
»… Ihr haltet *Becher* und *Schüsseln* außen sauber, innen aber sind sie voll von dem, was ihr in eurer Maßlosigkeit zusammengeraubt habt. Du blinder Pharisäer! *Mach* den Becher *zuerst innen sauber,* dann ist er auch außen rein.«

> Lasse Gott in dir wohnen und wirf Satan aus deinem Herzen!
> Wir sind die Becher oder Schüsseln.

Lukas 6,32
»Wenn ihr nur die liebt, die euch lieben, welchen Dank *erwartet* ihr dafür? …«

> Liebe (Feuer) verbrennt das Böse.

Matthäus 25,40
»… Was ihr für meinen geringsten Bruder getan habt, das habt ihr *mir* getan.«

70 Der wahre Gottesdienst

Römer 12,1
»Angesichts des Erbarmens Gottes ermahne ich euch, meine Brüder, *euch selbst als lebendiges und heiliges Opfer darzubringen,* das Gott gefällt; das ist für euch der wahre und angemessene Gottesdienst.«

> Gott möchte in uns wohnen! Wenn man Gott in sich deutlich fühlt, ist dies so unendlich schön, nichts auf dieser Welt könnte es je übertreffen.

71 Nur glauben, was gefällt?

Lukas 24,25

»... Begreift ihr denn nicht? Wie schwer fällt es euch, *alles* zu glauben, was die Propheten gesagt haben.«

Lukas 24,44

»... *Alles* muss in Erfüllung gehen, was im Gesetz des Mose, bei den Propheten und in den Psalmen *über mich* [Jesus] gesagt ist.«

72 Woran man einen Gläubigen erkennt

1 Johannes 3,24

»Wer seine Gebote hält, bleibt in Gott und Gott in ihm. Und dass er *in uns* bleibt, erkennen wir an dem Geist, den er uns gegeben hat.«

Dies hat nichts mit Verstand oder Intelligenz zu tun.

Römer 8,28

»Wir wissen, dass Gott bei denen, die ihn lieben, *alles zum Guten führt*, bei denen, die nach seinem ewigen Plan berufen sind.«

73 Woran erkennt man einen Ungläubigen?

Johannes 12,43

»Denn sie liebten das *Ansehen* bei den Menschen mehr als das Ansehen bei Gott.«

1 Johannes 4,20

»Wenn jemand sagt: Ich liebe Gott!, aber seinen Bruder hasst, ist er ein *Lügner* ...«

Lukas 16,10

»Wer in den kleinsten Dingen *zuverlässig* ist, der ist es auch in den großen, und wer bei den kleinsten Dingen Unrecht tut, der tut es auch bei den großen.«

Jakobus 1,6

»… denn wer *zweifelt*, ist wie eine Welle, die vom Wind im Meer hin und her getrieben wird.«

Psalm 127,2

»Es ist umsonst, dass ihr früh aufsteht und euch spät erst niedersetzt, um das Brot der Mühsal zu essen; denn der Herr gibt es den Seinen im *Schlaf*.«

1 Timotheus 5,8

»Wer aber für seine Verwandten, besonders für die eigenen Hausgenossen, nicht sorgt, der verleugnet damit den Glauben und *ist schlimmer als ein Ungläubiger*.«

Aber auch:
2 Thessalonicher 3,10

»…: Wer nicht arbeiten *will*, soll auch nicht essen.«

74 Was bedeutet heilig sein?

1 Johannes 3,2–3

»… Wir wissen, dass wir ihm *ähnlich* sein werden, wenn er offenbar wird; denn wir werden ihn *sehen*, wie er ist. Jeder, der dies von ihm *erhofft, heiligt sich*, so wie Er heilig ist.«

Für »sehen« ersetze »spüren« oder »fühlen«.

2 Korinther 7,1

»… Reinigen wir uns also *von aller Unreinheit* des Leibes und des Geistes und streben wir in Gottesfurcht nach vollkommener Heiligung.«

2 Timotheus 2,21

»Wer sich nun von all dem rein hält, gleicht einem *Gefäß* für Reines; er ist geheiligt, für den Herrn brauchbar, zu jedem guten Werk tauglich.«

75 Nicht eines Menschen rühmen

1 Korinther 3,21

»Daher soll sich *niemand* eines Menschen rühmen …«

76 Gottes Gaben und deren Sinn

2 Korinther 9,8

»*In seiner Macht* kann Gott alle Gaben über euch ausschütten, sodass euch allezeit in allem alles Nötige ausreichend zur Verfügung steht und ihr noch genug habt, um allen Gutes zu tun.«

1 Petrus 4,10

»*Dient* einander als gute Verwalter der vielfältigen Gnade Gottes, jeder mit der Gabe, die er empfangen hat.«

77 Die Weisheit

Weisheit 9,16

»Wir *erraten* kaum, was auf der Erde vorgeht, / und finden nur mit Mühe, was doch auf der Hand liegt; / wer kann dann ergründen, was im *Himmel* ist?«

> Du weißt noch, dass »Himmel« unser Herz ist? Bitte lese noch einmal Kapitel 31 oder die Ausführungen von Matthäus 19,12 im Kapitel 54.

1 Korinther 3,18–19

»Keiner täusche sich selbst. Wenn einer unter euch *meint*, er sei weise in dieser Welt, dann werde er töricht, um weise zu werden. Denn die Weisheit dieser Welt ist Torheit vor Gott.«

Kolosser 2,3–4

»In ihm sind alle Schätze der Weisheit und Erkenntnis verborgen. Das sage ich, damit euch niemand durch *Überredungskünste* täuscht.«

78 Der wahre und der falsche Kampf

Epheser 6,11–12

»Zieht die Rüstung Gottes an, damit ihr den listigen Anschlägen des Teufels widerstehen könnt. Denn wir haben *nicht gegen Menschen* aus Fleisch und Blut zu kämpfen, *sondern* gegen die Fürsten und Gewalten, gegen die Beherrscher dieser finsteren Welt, *gegen die bösen Geister* des himmlischen Bereichs.«

Johannes 16,2–3

»Sie werden euch aus der Synagoge ausstoßen, ja es kommt die Stunde, in der jeder, der euch tötet, *meint,* Gott einen heiligen Dienst zu leisten. Das werden sie tun, weil sie weder den Vater noch mich erkannt haben.«

1 Johannes 2,6

»Wer sagt, dass er in ihm *bleibt,* muss auch leben, wie er gelebt hat.«

Wer lebt wie Jesus?

2 Korinther 10,3

»Wir leben zwar in dieser Welt, kämpfen aber *nicht* mit den Waffen dieser Welt.«

Apostelgeschichte 5,38–39

»… denn wenn dieses Vorhaben oder dieses *Werk von Menschen* stammt, wird es *zerstört* werden; stammt es aber *von Gott,* so könnt ihr sie *nicht vernichten; sonst werdet ihr noch als Kämpfer gegen Gott dastehen.*«

Römer 6,13

»Stellt eure *Glieder* nicht der Sünde zur Verfügung als Waffen der Ungerechtigkeit, sondern stellt euch Gott zur Verfügung als Menschen, die vom Tod zum Leben gekommen sind, und stellt eure Glieder als Waffen der Gerechtigkeit in den Dienst Gottes.«

Römer 5,7

»Dabei wird nur schwerlich jemand *für einen Gerechten* sterben; vielleicht wird er jedoch für einen guten Menschen *sein Leben wagen.*«

1 Korinther 15,26

»Der letzte Feind, der entmachtet wird, ist der Tod.«

Zu der Entmachtung des Todes kann und muss jeder Mensch beitragen. Jeder erforsche sich selbst. Wenn da dunkle Schatten zu sehen sind, solltest du sie bitte nicht ignorieren, sondern akzeptieren, dass diese vorhanden sind. Erst danach ist es möglich, die eigene Schlechtigkeit, welche in uns wohnt, zu bekämpfen.

Kampf macht müde. Deshalb habe ich viel von Satan nur durch Ignorieren bekämpft. Ignorieren heißt jedoch nicht verdrängen! Nichtbeachtung ist erst möglich, wenn man zuvor die Wahrheit über sich vollständig akzeptiert hat. Ungefähr so: »Ich weiß, du bist da, Satan … aber du kannst mich mal!«

Gott will im Geist, also still angebetet werden. Auch Satan ist Geist und will so angebetet werden. Deshalb schreie ihn an! Das habe ich mehrmals getestet – es funktioniert! »Er« lässt sich immer wieder neue Varianten der Verführung einfallen. Wenn der eigene Entschluss, nur noch Gott gehören zu wollen, gefällt ist, wird man jeden Kampf bestehen. Offenbart die Feuertaufe jedoch, dass der Entschluss nur halbherzig war, braucht man Gottes Gnade!

Das ist die Devise:

»Einer trage des anderen Last; so werdet ihr das Gesetz Christi erfüllen« (Galater 6,2).

Helft einander!

79 Wer von den Menschen kennt den Menschen?

Sirach 19,29

»Am Aussehen erkennt man den Menschen, / am *Gesichtsausdruck* erkennt ihn der Weise.«

1 Korinther 2,11

»Wer von den Menschen kennt den Menschen, wenn nicht der *Geist* des Menschen, der *in ihm* ist? So erkennt auch keiner Gott – nur der Geist Gottes.«

Wenn du das Böse in dir vernichtest, wirst du wissen, wie es geht, Gott zu erkennen. Überwinde Dich.

Heißt es nicht im Volksmund »Gleich und Gleich gesellt sich gern«? Doch »Gegensätze ziehn sich an«; finde die Bedeutung heraus.

Sirach 27,4

»Im Sieb bleibt, wenn man es schüttelt, der Abfall zurück; / so entdeckt man die Fehler eines Menschen, wenn man *über ihn nachdenkt.*«

80 Wer die Liebe nicht hat, hat nichts. Gott ist Liebe

1 Korinther 13,1–3

»Wenn ich in den Sprachen der Menschen und Engel redete, / hätte aber die Liebe nicht, / wäre ich dröhnendes Erz oder eine lärmende Pauke.

Und wenn ich prophetisch reden könnte / und alle Geheimnisse wüsste / und alle Erkenntnis hätte; / wenn ich alle Glaubenskraft besäße / und Berge damit versetzen könnte, / hätte aber die Liebe nicht, / *wäre ich nichts*.

Und wenn ich meine ganze Habe verschenkte / und wenn ich meinen Leib dem Feuer übergäbe, / hätte aber die Liebe nicht, / nützte es mir gar nichts.«

81 Was bedeutet Dreieinigkeit?

Johannes 14,11

»Glaubt mir doch, dass ich im Vater bin und dass der Vater in mir ist …«

Du kannst es dir nicht vorstellen? Dann denke zum Beispiel an Sauerstoff.

Apostelgeschichte 17,28

»Denn *in ihm* leben wir, bewegen wir uns und sind wir, wie auch einige von euren Dichtern gesagt haben: Wir sind von seiner *Art*.«

1 Johannes 5,7–8

»Drei sind es, die Zeugnis ablegen: der *Geist*, das *Wasser* und das *Blut*; und diese drei sind eins.

Bezug zu Apostelgeschichte 15,20

»Man weise sie nur an, Verunreinigung durch Götzenopferfleisch und Unzucht zu meiden und weder Ersticktes noch *Blut* zu essen.«

Die Wörter »Geist«, »Wasser« und »Blut« haben eine doppelte Bedeutung. Bei »Blut« fällt dies besonders auf.

Blut steht für die Umkehr oder das Sterben des sündigen Menschen; auch für das Blut in unserem Körper.

Wasser steht für die Taufe; auch für das Wasser in unserem Körper.

Geist steht für den Einzug des Heiligen Geistes in den menschlichen Körper; was oben Genanntes bedingt.

Lies auch noch einmal die Einleitung zum Buch, das Thema Wasser betreffend.

Johannes 14,20

»An jenem Tag werdet ihr *erkennen*: Ich bin in meinem Vater, ihr seid in mir und ich bin in euch.«

82 Erneute Erinnerung an das Wesentliche

1 Johannes 4,1

»Liebe Brüder, *traut nicht jedem Geist*, sondern *prüft* die Geister, ob sie *aus* Gott sind; denn viele falsche Propheten sind in die Welt hinausgezogen.«

83 Was sind Engel?

Hebräer 1,14

»Sind sie nicht alle nur dienende *Geister*, ausgesandt, um denen zu helfen, die das Heil erben sollen?«

Hebräer 13,2

»Vergesst die Gastfreundschaft nicht; denn durch sie haben einige, ohne es zu ahnen, *Engel beherbergt*.«

Apostelgeschichte 7,53

»ihr, die ihr durch die *Anordnung von Engeln* das Gesetz empfangen, es aber nicht gehalten habt.«

84 Gottes Wege sind unerforschlich

Römer 11,33

»… Wie *unergründlich* sind seine Entscheidungen, wie unerforschlich seine Wege!«

85 Arten der Traurigkeit

2 Korinther 7,10
»Die *gottgewollte* Traurigkeit verursacht nämlich Sinnesänderung zum Heil, die nicht bereut zu werden braucht; die *weltliche* Traurigkeit aber führt zum Tod.«

86 Eigentum, Reichtum und Spende

Apostelgeschichte 4,32
»... Keiner *nannte* etwas von dem, was er hatte, sein Eigentum, sondern sie hatten alles gemeinsam.«

Lukas 21,4
»Denn sie alle haben nur etwas *von ihrem Überfluss* geopfert; diese Frau aber, die kaum das Nötigste zum Leben hat, sie hat ihren ganzen Lebensunterhalt hergegeben.«

Matthäus 6,1
»Hütet euch, eure Gerechtigkeit vor den Menschen zur *Schau* zu stellen ...«

87 Allgemeine Feststellungen

Sirach 20,6
»Mancher *schweigt*, weil er keine Antwort weiß, / mancher schweigt, weil er die rechte Zeit beachtet.«

Johannes 3,27
»... *Kein Mensch* kann sich etwas nehmen, wenn es ihm nicht vom Himmel gegeben ist.«

Lukas 6,45
»Ein guter Mensch bringt Gutes hervor, weil *in* seinem Herzen Gutes ist; und ein böser Mensch bringt Böses hervor, weil *in* seinem Herzen Böses ist. *Wovon das Herz voll ist*, davon spricht der Mund.«

Sirach 27,27

»Wer Unrecht tut, auf den rollt es zurück / und er weiß nicht, woher es ihm kommt.«

Jakobus 3,2

»Denn wir alle verfehlen uns in vielen Dingen. Wer sich in seinen Worten nicht verfehlt, ist ein vollkommener Mann und kann *auch* seinen *Körper* völlig im Zaum halten.«

1 Thessalonicher 4,12

»So sollt ihr vor denen, die nicht zu euch gehören, ein rechtschaffenes Leben führen und auf *niemand angewiesen sein.*«

1 Korinther 15,33

»... Schlechter Umgang verdirbt gute Sitten.«

88 Frau und Mann

1 Korinther 11,11–12

»Doch im Herrn gibt es weder die Frau ohne den Mann noch den Mann ohne die Frau. Denn wie die Frau vom Mann stammt, so kommt der Mann durch die Frau zur Welt; *alles aber stammt von Gott.*«

89 Zauberer und Sterndeuter

Jesaja 8,19–20

»Wenn man euch sagt: Befragt die Totengeister und Zauberkundigen, die flüstern und murmeln!, (dann erwidert): Soll ein Volk nicht lieber seinen Gott befragen? *Warum soll man für die Lebenden die Toten befragen?* Lehre und Warnung: Wer nicht so denkt, für den gibt es kein Morgenrot.«

Verstehst Du? Hier sind die lebendigen Toten gemeint.

Jesaja 47,13–14

»Du hast dir große Mühe gemacht / mit deinen vielen Beratern; sollen sie doch auftreten und dich retten, / sie, die den Himmel deuten und die Sterne betrachten, / die dir an jedem Neumond verkünden, was kommt. Wie die Spreu werden sie sein,/die das Feuer verbrennt. *Sie können sich nicht retten* / vor der Gewalt der Flammen.

Das wird keine Glut sein, an der man sich wärmt, / kein Feuer, um das man herumsitzt.«

90 Ermahnungen

Kolosser 2,8
»Gebt Acht, dass euch niemand mit seiner Philosophie und falschen Lehre *verführt*, die sich nur auf menschliche Überlieferung stützen und sich auf die Elementarmächte der Welt, nicht auf Christus *berufen*.«

2 Timotheus 2,16
»*Gottlosem Geschwätz* geh aus dem Weg ...«

Johannes 8,54
»Jesus antwortete: Wenn ich mich selbst ehre, so gilt meine *Ehre* nichts ...«

Epheser 4,29
»Über eure Lippen komme *kein böses Wort*, sondern nur ein gutes, das den, der es braucht, stärkt und dem, der es hört, Nutzen bringt.«

1 Korinther 4,6
»..., dass also keiner *zugunsten* des einen und zum Nachteil des anderen sich wichtig machen darf.«

Matthäus 5,36–37
»Auch bei deinem Haupt sollst *du nicht schwören*;
denn du kannst kein einziges Haar weiß oder schwarz machen.
Euer Ja sei ein Ja, euer Nein ein Nein; alles andere stammt vom Bösen.«

Epheser 5,6
»Niemand *täusche* euch mit leeren Worten:
All das zieht auf die Ungehorsamen den Zorn Gottes herab.«

Hebräer 3,12–13

»Gebt Acht, Brüder, dass keiner von euch ein böses, *ungläubiges Herz* hat, dass keiner vom lebendigen Gott abfällt, sondern *ermahnt* einander jeden Tag …«

Römer 13,14

»… sorgt nicht so für euren *Leib*, dass die Begierden erwachen.«

Sirach 7,36

»Bei allem, was du tust, denk an das *Ende*, / so wirst du niemals sündigen.«

Sirach 5,4

»Sag nicht: Ich habe gesündigt, / doch was ist mir geschehen? / *Denn der Herr hat viel Geduld.*«

Sirach 8,5

»*Beschäm keinen*, der sich von der Sünde bekehrt hat; / denk daran, dass wir alle schuldig sind.«

Sirach 12,4–5

»*Gib dem Guten*, nicht aber dem Bösen, / unterstütze den Demütigen, gib nicht dem Hochmütigen! … Doppeltes Übel trifft dich (in der Zeit der Not) / für all das Gute, das du ihm getan hast.«

Sirach 5,11

»Sei schnell bereit zum Hören, / aber bedächtig bei der Antwort!«

Lukas 21,34

»*Nehmt euch in Acht*, dass Rausch und Trunkenheit und die Sorgen des Alltags euch nicht verwirren …«

Lukas 6,37–38

»*Richtet nicht*, dann werdet auch ihr nicht gerichtet werden … denn nach dem Maß, mit dem ihr messt und zuteilt, wird auch euch zugeteilt werden.«

2 Korinther 6,15–16

»… Was hat ein Gläubiger mit einem Ungläubigen *gemeinsam*? Wie verträgt sich der Tempel Gottes mit Götzenbildern?«

2 Korinther 6,14

»*Beugt euch nicht* mit Ungläubigen unter das gleiche Joch!«

Lukas 18,17

»… Wer das Reich Gottes nicht so *annimmt* wie ein Kind, der wird nicht hineinkommen.«

Die goldene Regel:
Matthäus 7,12

»Alles, was ihr also von anderen *erwartet, das tut* auch ihnen! Darin besteht das Gesetz und die Propheten.«

91 Trostworte

Daniel 12,10

»*Viele* werden geläutert, gereinigt und geprüft …«

Johannes 14,27

»*Frieden* hinterlasse ich euch, meinen Frieden gebe ich euch; nicht einen Frieden, wie die Welt ihn gibt, gebe ich euch.«

Das ist der Frieden im Herzen.

Sirach 3,31

»Wer Gutes *tut,* dem begegnet es auf seinen Wegen, / sobald er wankt, findet er eine Stütze.«

Römer 8,31

»… *Ist Gott für uns, wer ist dann gegen uns?*«

92 Furchtloses Bekenntnis

Matthäus 10,32

»Wer sich nun *vor den Menschen* zu mir bekennt, zu dem werde auch ich mich vor meinem Vater im Himmel bekennen.«

93 Die geistige Speise

Römer 7,22–25

»Denn in meinem Inneren freue ich mich am Gesetz Gottes, ich sehe aber ein anderes Gesetz in meinen Gliedern, das mit dem Gesetz meiner Vernunft im Streit liegt und mich gefangen hält im Gesetz der Sünde, von dem meine Glieder beherrscht werden. Ich unglücklicher Mensch! Wer wird mich aus diesem dem Tod verfallenen Leib erretten? Dank sei Gott durch Jesus Christus, unseren Herrn! *Es ergibt sich also, dass ich mit meiner Vernunft dem Gesetz Gottes diene, mit dem Fleisch aber dem Gesetz der Sünde.*«

1 Korinther 3,16–17

»Wisst ihr nicht, dass ihr Gottes Tempel seid und der Geist Gottes in euch wohnt? Wer den Tempel Gottes verdirbt, *den wird Gott verderben.* Denn Gottes Tempel ist heilig, und der seid ihr.«

Johannes 4,32–34

»… Ich [Jesus] lebe von einer Speise, die ihr nicht kennt … Jesus sprach zu ihnen: *Meine Speise ist es,* den Willen dessen zu tun, der mich gesandt hat, und sein Werk zu Ende zu führen.«

Johannes 6,27

»Müht euch nicht ab für die Speise, die *verdirbt,* sondern für die Speise, die für das ewige Leben *bleibt* …«

1 Petrus 5,8

»Seid nüchtern und wachsam! Euer Widersacher, der *Teufel,* geht wie ein brüllender Löwe umher und *sucht, wen er verschlingen kann.*«

Römer 8,13

»Wenn ihr nach dem Fleisch lebt, müsst ihr sterben; wenn ihr aber *durch den Geist* die (sündigen) Taten des Leibes tötet, werdet ihr leben.«

Zusammenfassung

In unserem Herzen wohnt Geist. Es ist der Geist des Bösen und der Heilige Geist Gottes. Da wir die Wohnung des Geistes – egal, welcher Art – sind, haben wir nicht nur die Aufgabe, uns als solche zur Verfügung zu stellen, sondern auch die Nahrung zu liefern. Dort, wo Speise ist, da möchte man auch wohnen! Also ist die Nahrung auch der Grund, als Wohnung erwählt zu werden.

Gott lebt in uns von der geistigen Speise, also vom Ergebnis unserer Gedankenenergie, welche den Willen erfolgreich bildet, das Schlechte zu besiegen. Je mehr wir uns bilden (Maß halten!), desto besser. Die wichtigste Bildung ist die geistliche Bildung. Nur so können wir Gottes Geschenk verstehen und lernen, wie die Satansenergie vernichtet werden kann.

Den Teufel zu vernichten ist nur möglich, indem man ihm keine Nahrung mehr liefert. Das Böse (Satan, Teufel, Dämonen) existiert nicht vom Resultat der Überwindungsenergie, sondern von der Leidenschaft. Es braucht Leidenschaft, welche ganz deutlich im Herzen zu spüren ist. Kommt man dieser nach, geschehen lauter böse Dinge (= Übertretung des Gesetzes), denn die vernichtende Energie kann sich immer mehr ausbreiten in unserem Herzen. Der Heilige Geist wird sich dadurch immer mehr zurückziehen. Möchtest du in einer schmutzigen Wohnung wohnen?

Ohne Taufe wird niemand das Himmelreich sehen (spüren), denn nur durch Taufe wird das Herz komplett von Satan gereinigt. Lies hierzu bitte ganz intensiv die Themen »Taufe« und »Feuertaufe«. Nach oberflächlicher Entscheidung zur Taufe, kann es aber auch schlimmer für den Menschen kommen, als vor der Taufe. Deshalb überprüfe deine Entscheidung gründlich. (lese dazu Matthäus 12,43-45).

Ich selbst bin als Kind getauft worden, habe mich aber im 40. Lebensjahr noch mal taufen lassen, denn als Kind hatte ja nicht ich die Entscheidung getroffen.

Geben wir der Leidenschaft nicht nach, so hungert das Böse in uns, was anfangs Schmerz oder eine Art von starkem Begehren nach den verstoßenden Leidenschaften verursachen kann. Doch keine Angst, Gott greift ein, wenn es zu schwer wird. Du kannst mehr ertragen als du denkst! Die teuflische Energie nimmt ab und wird somit weniger Geist. Dadurch wird nun im Herzen Platz geschaffen und Gott kann mehr von seinem Heiligen Geist in dir wohnen lassen. Je mehr Heiligen Geist du in dir hast, desto lebendiger fühlst du dich.

Menschen, die als Behausung der dunklen Mächte dienen, erleben sich wie Monster. Das Herz schlägt zwar, aber sie fühlen sich leer und innerlich tot. Ausgebildet, aber ungebildet und ungläubig wie sie sind, kennen sie nicht den Grund ihres Unglücklichseins.

Nach außen werden diese Menschen die Glücklichen oder die Braven spielen. Solange es weltliche Wünsche in ihnen gibt, werden sie alles daransetzen, diese zu befriedigen, denn sie geben dem angeblichen Mangel an Materiellem die Schuld für ihr trauriges Dasein. So schließt sich der teuflische Kreislauf und eines Tages fragt man sich, warum man nicht glücklich ist, obwohl man eine/n liebe/n Partner/in an seiner Seite, das schönste Auto und das beste Haus erworben, die ganze Welt gesehen hat ...

Doch Glück kann man nicht haben, man kann nur glücklich sein. Weil man nicht glauben wollte, hat man immer mehr Böses in sich hineingelassen. Irgendwann entschließt sich der Gepeinigte (hoffentlich) zur Umkehr, doch muss er nun den ganzen langen Weg zurückgehen. Möglich, dass dieser Entschluss erst in einem Alter gefällt wird, in dem nicht viel Zeit für den weiten Rückweg bleibt. Umso mehr muss dieser Mensch beten und kämpfen, wenn er gerettet werden möchte. Denn wenn er es nicht tut, wird er sich ewig schlecht fühlen, auch wenn er seinen Körper in der Todesstunde verlassen hat.

Denn die Seele ist unsterblich! Gott hat die Macht, den Weg zu verkürzen!

Wir haben gelernt, dass Gottes Reich mitten unter uns ist. Das ist einleuchtend, weil der Heilige Geist in uns wohnt.

Auch die Hölle ist hier auf Erden. (Bitte studiere ebenso die Offenbarung des Johannes.)

Hast du schon einmal Geschichten von Geistern gehört? Diese Geister sind die Seelen, welche nicht in das Licht (zu Gott) dürfen. Auch sie suchen nach Wohnungen. Hat sich ein Mensch auf das Schlechte eingelassen oder war unaufmerksam, dann hat er sein Herz für die Dämonen geöffnet. Wohnen diese erst einmal in einem Menschen, nennt man ihn »besessen«.

Ich war einmal persönlich bei einer Dämonenaustreibung zugegen. Es war ein sehr beeindruckendes Erlebnis.

Teilweise kann es auch sehr schmerzhaft sein, Satan zu bekämpfen. Jesus beschreibt es wie folgt:

»Wenn die Frau gebären soll, ist sie bekümmert, weil ihre Stunde da ist; aber wenn sie das Kind geboren hat, denkt sie nicht mehr an ihre Not über der Freude, dass ein Mensch zu Welt gekommen ist.« (Johannes 16,21)

Den bösen Geist zu verstoßen ist ein Geburtsschmerz im wahrsten Sinne des Wortes. Du schaffst es!

Vergiss nie:

(Buch der Sprichwörter 14,30)
»Ein gelassenes Herz bedeutet Leben für den Leib, doch Knochenfraß ist die Leidenschaft.«

94 Was bedeutet entschlafen?

Antwort: weltlich gesprochen »sterben«. Anstatt »entschlafen« wird auch von »Leben (Feuer) erloschen« erzählt.

Matthäus 8,22
»... lass die Toten ihre Toten begraben!«

Oder: Lass die Ungläubigen die Entschlafenden begraben.

Johannes 12,24
»Amen, amen, ich sage euch: Wenn das Weizenkorn nicht in die Erde fällt und stirbt, bleibt es allein; *wenn es aber stirbt*, bringt es reiche Frucht.«

Hier ist aber die Taufe gemeint.

Sirach 38,18–23
»Aus *Kummer* entsteht Unheil; / denn ein trauriges Herz bricht die Kraft. Schlimmer

als der Tod ist dauernder Kummer,/ein leidvolles Leben ist ein Fluch für das Herz. Lenke deinen Sinn nicht mehr auf den Toten [Entschlafenden],/lass von der Erinnerung an ihn ab/und denk an die Zukunft! Denk nicht mehr an ihn;/denn es gibt für ihn keine Hoffnung./Was kannst du ihm nützen? *Dir aber schadest du.* Denk daran, dass seine Bestimmung auch deine Bestimmung ist:/Gestern er und heute du. Wie *der Tote ruht,* ruhe auch die Erinnerung an ihn,/tröste dich, *wenn sein Leben erloschen ist.*«

Vielleicht trauerst du noch, während der Entschlafende schon als dein Enkel inkarniert ist. (Im alten Testament findet man noch viele Geheimnisse, auch diesbezüglich.)

95 Die Auferstehung (Tote aufwecken)

1 Korinther 15,16

»Denn wenn Tote nicht *auferweckt* werden, ist auch Christus nicht auferweckt worden.«

Hier sind nicht die Entschlafenden gemeint. Auch wenn es auf dem ersten Blick danach aussieht, weil Jesus Auferweckung nach der Kreuzigung war. Wir werden nach der Wassertaufe und anschließender Feuertaufe *auferweckt*. Nach dem Entschlafen werden wir wieder *auferstehen*.

Lukas 20,34–36

»... Nur in dieser Welt heiraten die Menschen. Die aber, die Gott für würdig hält, an jener Welt und an der Auferstehung von den Toten teilzuhaben, werden dann nicht mehr heiraten. *Sie können auch nicht mehr sterben, weil* sie den Engeln gleich und durch die Auferstehung zu Söhnen Gottes geworden sind.«

Bitte lese dazu auch noch einmal Kapitel 25 und 26.

1 Korinther 15,44

»Gesät wird ein irdischer Leib, auferweckt ein überirdischer Leib ...«

1 Korinther 15,51

»... Wir werden nicht alle entschlafen, aber wir werden alle verwandelt werden.«

96 Die ersten und die letzten Endzeichen

2 Timotheus 4,3

»Denn es wird eine Zeit kommen, in der man die gesunde *Lehre nicht erträgt*, sondern sich nach eigenen Wünschen *immer neue Lehrer sucht*, die den Ohren schmeicheln.«

Matthäus 24,28

»Überall wo ein Aas ist, da sammeln sich die Geier.«

Markus 13,7–8

»... Das muss geschehen ... Denn ein Volk wird sich gegen das andere erheben und *ein Reich gegen das andere.* Und an vielen Orten wird es *Erdbeben* und *Hungersnöte* geben. Doch das ist erst der Anfang der Wehen.«

1 Timotheus 4,1–2

»... In späteren Zeiten werden manche *vom Glauben abfallen*; sie werden sich betrügerischen Geistern und den Lehren von Dämonen zuwenden, *getäuscht* von heuchlerischen Lügnern, deren Gewissen gebrandmarkt ist.«

2 Timotheus 3,1–5

»... *In den letzten Tagen werden schwere Zeiten anbrechen.* Die Menschen werden selbstsüchtig sein, habgierig, prahlerisch, überheblich, bösartig, ungehorsam gegen die Eltern, undankbar, ohne Ehrfurcht, lieblos, unversöhnlich, verleumderisch, unbeherrscht, rücksichtslos, roh, heimtückisch, verwegen, hochmütig, mehr dem Vergnügen als Gott zugewandt. Den Schein der Frömmigkeit werden sie wahren, doch die Kraft der Frömmigkeit werden sie verleugnen ...«

Markus 13,14

»Wenn ihr aber den *unheilvollen Gräuel* an dem Ort seht, wo er nicht stehen darf – der Leser begreife – ...«

Markus 13,19

»Denn jene Tage werden *eine Not* bringen, *wie es noch nie eine gegeben hat,* seit Gott die Welt erschuf, und wie es auch keine mehr geben wird.«

Markus 13,10

»Vor dem Ende aber muss allen Völkern das Evangelium verkündet werden.«

2 Petrus 3,8

»Das eine aber, liebe Brüder, dürft ihr nicht übersehen; dass beim Herrn ein Tag wie tausend Jahre und *tausend Jahre wie ein Tag* sind.«

Siehe das vierte der zehn Gebote sowie die Offenbarung des Johannes zum Thema der tausend Jahre Frieden. Gott hält bald Sabbat!

97 Wer wird gerettet?

Matthäus 24,13

»Wer jedoch *bis zum Ende* standhaft bleibt, der wird gerettet.«

Matthäus 26,52

»… denn alle, die zum Schwert greifen, werden durch das Schwert umkommen.«

Johannes 10,16

»Ich [Jesus] habe noch andere Schafe, die nicht aus diesem Stall sind; auch sie muss ich führen und sie werden auf meine Stimme hören; *dann wird es nur eine Herde geben und einen Hirten.*«

Apostelgeschichte 10,34–35

»Da begann Petrus zu reden und sagte: Wahrhaftig, jetzt begreife ich, dass Gott *nicht auf die Person sieht*, sondern dass ihm in jedem Volk willkommen ist, wer ihn fürchtet und tut, was recht ist.«

Johannes 15,16

»*Nicht ihr* habt mich erwählt, sondern ich habe euch erwählt und dazu bestimmt, dass ihr euch aufmacht und Frucht bringt und dass eure Frucht bleibt …«

Lukas 14,34–35

»Das Salz ist etwas Gutes. Wenn aber das Salz seinen Geschmack verliert, womit kann man ihm die Würze wiedergeben? Es taugt weder für den Acker noch für den Misthaufen, man wirft es weg. *Wer Ohren hat zum Hören, der höre!*«

»Das Salz« steht sinnbildlich für den Geist, der im Menschen wohnt. Wer nicht Gottes Wohnung sein möchte, den verwirft Gott.

98 Die Gnade

Epheser 2,8–9

»Denn aus Gnade seid ihr durch den Glauben gerettet, *nicht aus eigener Kraft* – Gott hat es geschenkt –, nicht aufgrund eurer Werke, *damit keiner sich rühmen kann.*«

Nach einer Sünde wären wir bereits verloren. So ist die Abmachung. Deshalb schenkt Gott uns seine Gnade, vorausgesetzt wir tun Werke des Glaubens. Werke für die Erlangung von Gnade gibt es nicht, sonst wäre die Gnade keine Gnade mehr.

Römer 6,14

»Die Sünde soll nicht über euch herrschen; denn ihr *steht* nicht unter dem Gesetz, sondern unter der Gnade.«

Galater 2,21

»Ich missachte die Gnade Gottes in keiner Weise; denn käme die Gerechtigkeit durch das Gesetz, *so wäre Christus vergeblich gestorben.*«

1 Korinther 15,10

»Doch durch Gottes Gnade bin ich, was ich bin, und sein gnädiges Handeln an mir ist *nicht ohne Wirkung* geblieben …«

Römer 11,5–6

»Ebenso gibt es auch in der gegenwärtigen Zeit einen Rest, der aus Gnade erwählt ist – aus Gnade, nicht mehr aufgrund von Werken; *sonst wäre die Gnade nicht mehr Gnade.*«

Epheser 4,7

»Aber *jeder* von uns empfing die Gnade in dem Maß, wie Christus sie ihm geschenkt hat.«

Hebräer 12,5

»und ihr habt die Mahnung vergessen, die euch als *Söhne* anredet: Mein Sohn, verachte nicht die Zucht des Herrn, / *verzage nicht,* wenn er dich zurechtweist.«

99 Der Lohn

Römer 4,4

»Dem, *der Werke tut*, werden diese nicht aus Gnade angerechnet, sondern er *bekommt den Lohn*, der ihm zusteht.«

1 Korinther 3,13–15

»… Das Feuer wird prüfen, was das Werk eines jeden taugt. Hält das stand, was er aufgebaut hat, so empfängt er Lohn. Brennt es nieder, dann muss er den Verlust tragen. *Er selbst aber wird gerettet werden*, doch so wie durch Feuer hindurch.«

Kolosser 3,13

»… Wie der Herr *euch vergeben* hat, so vergebt auch ihr!«

Lukas 14,12–14

»… Wenn du mittags oder abends ein Essen gibst, so lade nicht deine Freunde oder deine Brüder, deine Verwandten oder reiche Nachbarn ein; sonst laden auch sie dich ein, und damit ist dir wieder alles vergolten. Nein, wenn du ein Essen gibst, dann lade Arme, Krüppel, Lahme und Blinde ein. Du wirst selig sein, *denn sie können es dir nicht vergelten*; es wird dir vergolten werden bei der Auferstehung der Gerechten.«

Jeder, der für irgendeine gute Tat von den Menschen belohnt wurde (durch Entlohnung, Beifall, Bewunderung, Auszeichnung etc.), kann dafür nicht auch noch von Gott belohnt werden. Gute Taten verewigt man, indem man sie vergessen macht! Jetzt verstehst du auch, warum Jesus im Matthäus-Evangelium sagt: »Sie haben ihren Lohn bereits erhalten.« (Zum Beispiel Matthäus 6,5)

Ebenso bekommt man auch nur einmal Strafe als negativen Lohn für eine schlechte Tat. Hat man gelitten und bereut, dann verlässt uns der Schmerz und die schlechte Tat ist abgegolten. (Das Gewissen darf uns in keiner Weise mehr anklagen.)

Erhält man jedoch nach der Sünde keine Strafe, dann ist dies wirklich sehr bedenklich. Bei den Sündern wartet Gott, um sie später viel stärker zu bestrafen!

Wie? In dem »Er« seinen Geist zurücknimmt und uns dem Tod bringenden Geist überlässt. Somit kann er selbst nicht wirklich strafen, denn »Er« ist der Gott der Liebe; »Er« ist Liebe.

100 Die Wiederankunft Jesu

Lukas 12,40

»… Denn der Menschensohn kommt zu einer Stunde, in der ihr es *nicht erwartet.*«

Johannes 14,3

»Wenn ich gegangen bin und einen *Platz für euch* vorbereitet habe, komme ich wieder und werde euch zu mir holen, damit auch ihr dort seid, wo ich bin.«

2 Petrus 3,3–4

»Vor allem sollt ihr eines wissen: Am Ende der Tage werden *Spötter* kommen, die sich nur von ihren Begierden leiten lassen und höhnisch sagen: ›Wo bleibt denn seine verheißene Ankunft?‹«

Matthäus 24,27

»*Denn wie der Blitz* bis zum Westen hin leuchtet, wenn er im Osten aufflammt, so wird es bei der Ankunft des Menschensohnes sein.«

Matthäus 24,30

»Danach wird das Zeichen des Menschensohnes *am Himmel* erscheinen; dann werden alle Völker der Erde jammern und klagen und sie werden den Menschensohn mit großer Macht und Herrlichkeit auf den Wolken des Himmels kommen sehen.«

1 Thessalonicher 4,16–17

»… Zuerst werden die in Christus Verstorbenen auferstehen; dann werden wir, die Lebenden, die noch übrig sind, zugleich mit ihnen *auf den Wolken* in die Luft entrückt, dem Herrn entgegen …«

Lukas 18,8

»… Wird jedoch der Menschensohn, wenn er kommt, auf der Erde (noch) Glauben *vorfinden?*«

101 Schlussworte

Apostelgeschichte 17,24–26

»Gott, der die Welt erschaffen hat und alles in ihr, er, der Herr über Himmel und Erde, *wohnt nicht in Tempeln, die von Menschenhand gemacht sind.* Er lässt sich auch nicht von Menschen bedienen, als brauche er etwas: er, der *allen* das Leben, den Atem und alles gibt. Er hat aus einem einzigen Menschen das ganze Menschengeschlecht erschaffen, damit es die ganze Erde bewohne. Er hat für sie bestimmte Zeiten *und die Grenzen ihrer Wohnsitze festgesetzt.*«

Epheser 5,16

»Nutzt die Zeit; denn diese Tage sind böse.«

Hebräer 10,36

»Was ihr braucht, *ist Ausdauer,* damit ihr den Willen Gottes erfüllen könnt und so das verheißene Gut erlangt.«

Markus 4,16–20

»Ähnlich ist es bei den Menschen, bei denen das Wort auf felsigen Boden fällt: Sobald sie es hören, nehmen sie es freudig auf; aber sie haben keine Wurzeln, sondern sind unbeständig, und wenn sie dann um des Wortes willen bedrängt oder verfolgt werden, kommen sie sofort zu Fall. Bei anderen fällt das Wort in die Dornen: sie hören es zwar, aber die Sorgen der Welt, der trügerische Reichtum und die Gier nach all den anderen Dingen machen sich breit und ersticken es und es bringt keine Frucht. Auf guten Boden ist das Wort bei denen gesät, die es hören und *aufnehmen* und Frucht bringen, dreißigfach, ja sechzigfach und hundertfach.«

Matthäus 16,25–26

»*Denn wer sein Leben retten will, wird es verlieren; wer aber sein Leben um meinetwillen verliert,* wird es gewinnen. Was nützt es einem Menschen, wenn er die ganze Welt gewinnt, dabei aber sein Leben einbüßt? Um welchen Preis kann ein Mensch sein Leben zurückkaufen?«

Dies habe ich selbst erst beim Verfassen dieses Buches begriffen (erfahren). Durch das zeitaufwendige Studium der Bibel, hatte ich fast keine Freizeit mehr und verlor mein Leben im Sinne von (er)leben. Deswegen habe ich spürbar Leben (Gottesenergie) gewonnen; herrlich.

1 Petrus 3,4
»… das sei euer unvergänglicher *Schmuck*: ein sanftes und ruhiges Wesen …«

1 Korinther 10,12
»Wer also zu stehen *meint*, der gebe Acht, dass er nicht fällt.«

2 Korinther 10,12
»… In ihrem Unverstand *messen* sie sich *an sich selbst* und vergleichen sich mit sich selbst.«

Römer 8,19
»Denn die ganze Schöpfung wartet sehnsüchtig auf das Offenbarwerden der Söhne Gottes.«

Römer 8,14
»Denn alle, die sich vom Geist Gottes *leiten lassen*, sind Söhne Gottes.«

Wir sind Gottes Wohnung!

Apostelgeschichte 8,30–31
»… Verstehst du auch, was du liest? Jener antwortete: Wie könnte ich es, wenn mich niemand *anleitet*? …«

Erinnerung
Johannes 3,27
»Johannes antwortete: *Kein Mensch* kann sich etwas nehmen, wenn es ihm nicht vom Himmel gegeben ist.«

Erinnerung
1 Johannes 2,4
»Wer sagt: Ich habe ihn erkannt!, aber seine Gebote nicht hält, *ist ein Lügner* und die Wahrheit ist nicht in ihm.«

Matthäus 10,32

»Wer sich nun *vor den Menschen* zu mir bekennt, zu dem werde auch ich mich vor meinem Vater im Himmel bekennen.«

Römer 15,21

»denn es heißt in der Schrift: Sehen werden die, denen nichts über ihn [Jesus] verkündet wurde, / *und die werden verstehen, die nichts gehört haben*.«

1 Korinther 11,19

»Denn es muss *Parteiungen* geben unter euch; nur so wird sichtbar, wer unter euch treu und zuverlässig ist.«

Römer 16,17-18

»Ich ermahne euch, meine Brüder, auf die Acht zu geben, *die im Widerspruch zu der Lehre*, die ihr gelernt habt, Spaltung und Verwirrung verursachen: Haltet euch von Ihnen fern! Denn diese Leute dienen nicht Christus, unserem Herrn, sondern ihrem Bauch und sie verführen durch ihre schönen und gewandten Reden das Herz der Arglosen.«

Fazit von Anna:

»Wer nicht glauben will muss fühlen.«

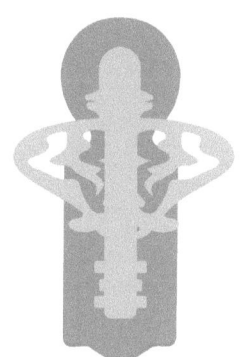